존재의 인문학

존재의 인문학

발행일	2025년 9월 5일
지은이	조상무
펴낸이	손형국
펴낸곳	(주)북랩
출판등록	2004. 12. 1.(제2012-000051호)
주소	서울특별시 금천구 가산디지털 1로 168, 우림라이온스밸리 B동 B111호, B113~115호
홈페이지	www.book.co.kr
전화번호	(02) 2026-5777
팩스	(02) 3159-9637
ISBN	979-11-7224-823-9 03810 (종이책) 979-11-7224-824-6 05810 (전자책)

잘못된 책은 구입한 곳에서 교환해드립니다.
이 책은 저작권법에 따라 보호받는 저작물이므로 무단 전재와 복제를 금합니다.
이 책은 (주)북랩이 보유한 리코 장비로 인쇄되었습니다.

작가 연락처 문의 ▶ ask.book.co.kr
작가 연락처는 개인정보이므로 북랩에서 알려드릴 수 없습니다.

(주)북랩 성공출판의 파트너

북랩 홈페이지와 SNS에서 다양한 출판 솔루션을 만나 보세요!

홈페이지 book.co.kr • 블로그 blog.naver.com/essaybook • 출판문의 text@book.co.kr
카톡채널 북랩

존재의 인문학

나를 지키고 나답게 살아가기 위한
사유의 여정

조상무 지음

**삶은 정답을 찾는 여정이 아니라
태도와 마음으로 걸어가는 길이다!**

불안한 시대, 나만의 길을 지켜내는 인문학적 용기

들어가는 말

　우리는 누구나 한 번쯤 존재에 대해 질문한다. "나는 누구인가?", "어떻게 살 것인가?", "왜 살아야 하는가?"
　이 질문은 때로는 삶의 고통 속에서, 때로는 조용한 일상의 틈에서 불쑥 고개를 든다. 어떤 날에는 지친 밤의 고요 속에 불쑥 찾아오고, 또 어떤 날에는 햇살 가득한 창가에 앉아 커피를 마시다 문득 떠오르기도 한다.
　'내면의 나'는 그렇게 끊임없이 말을 건넨다. 그리고 그 물음에 귀 기울이는 일, 바로 그 순간부터 인문학은 시작된다.
　인문학은 우리가 '어떻게 살아야 할지', '무엇이 인간답게 사는 것인지'를 끊임없이 묻는 학문이다. 이는 단순한 지식의 축적을 넘어, 자신과 타인의 삶을 깊이 들여다보고 성찰하게 하는 태도이며, 결국 인간으로서의 존재와 삶의 의미를 되새기게 하는 노력이다.

 그것은 정답을 제시하기보다는 더 깊은 질문을 끌어내며, 삶의 표면에서 멈추지 않고 내면을 향해 나아가게 만든다. 그 여정 속에서 우리는 타인과 더불어 살아가는 '존재로서의 나'를 발견하게 된다.

 오늘날 우리는 너무 많은 정보, 빠른 속도, 그리고 수많은 선택지 속에서 살아간다. 그러나 정작 "나는 어떤 삶을 원하는가?"라는 질문에는 답하지 못한 채, 순간들을 스쳐 지나가곤 한다. 타인의 시선, 사회의 기준, 끊임없는 비교는 존재의 목소리를 점점 더 작게 만든다. 그렇게 자신을 잃게 되면, 우리는 삶이라는 무대에서 주인공이 아닌 관객처럼 살아가게 된다.

 이 책은 존재의 목소리를 되찾는 여정을 담고 있다. 스스로에게 묻고, 자신을 돌아보며, 인간다움에 대해 다시 생각해 보는 시간을 위해 쓰였다. 존재를 이해한다는 것은 단지 철학적, 역사적, 문학적 개념을 아는 것이 아니라, 삶의 태도와 감정, 관계, 경험 전체를 성찰하는 일이다.

존재란 단지 '살아 있는 상태'만을 의미하지 않는다. 존재란 자신만의 진정한 모습을 인식하고, 그것을 세상과 조화시키려는 의식적인 태도를 말한다.

존재는 '무엇을 할 것인가'보다 '어떻게 있을 것인가'를 묻는다. 그 안에는 나의 고유함, 타인에 대한 존중, 삶과 자연을 대하는 자세가 함께 깃들어 있다.

이 책은 어렵고 복잡한 개념을 나열하기보다, 읽는 이의 마음을 부드럽게 감싸는 따뜻한 사유를 담고자 한다. 인간의 본질을 거창하게 정의하려 하지 않고, 오히려 우리가 매일 마주하는 평범한 일상 속에서 발견할 수 있는 '존재의 흔적들'을 차분히 들여다보고자 한다.

때로는 혼자 있는 시간이 존재를 드러내고, 때로는 불안과 마주하는 용기가 존재의 깊이를 만들어 준다. 실수하고 흔들리는 나, 누군가에게 미안해하는 나, 사랑하는 사람을 위해 서툴게 애쓰는 나, 그 모든 순간 속에 진짜 '존재'는 살아 숨 쉰다.

존재의 인문학은 나를 위한 공부이며, 동시에 우리를 이해하기 위한 공부이다. 그것은 삶을 가르치는 일이 아니라, 삶을 함께 배우는 길이다. 그리고 그 길 위에서 우리는 조금 더 너그러워지고, 조금 더 단단해지며, 조금 더 다정해질 수 있다.

삶의 본질을 이해하려는 마음이 있는 한, 인문학은 결코 먼 이야기가 아니다. 존재를 사유하려는 태도, 그것이 곧 우리가 인간으로 살아간다는 의미이기 때문이다.

이 책을 펼친 당신이 지금 이 순간, 자기 삶의 주인으로 다시 걸음을 사뿐히 내딛기를 바란다. 그리고 그 걸음 속에서 조용하지만 또렷하게 존재하는 자신을 발견하기를 소망한다.

뿐만 아니라, 독자 여러분이 이 책을 읽고 내면의 진정한 '나'를 만나 스스로를 깊이 이해하며 성장하는 길로 나아가기를 진심으로 기원한다.

차례

들어가는 말   4

1장   존재란 무엇인가?

존재의 본질에 대한 다양한 정의   15
'내면의 나'와의 첫 대화   21
존재에 대한 고대부터 현대까지의 철학적 탐구   24
존재를 묻는다는 것의 의미와 중요성   35
'나'라는 주체의 형성 과정   39

2장   인문학과 존재의 만남

인문학이란 무엇인가?   47
인간다움과 인문학적 사유   50
존재와 인간, 그 본질적 관계   54
인문학이 삶에 미치는 영향   58
타인과 더불어 살아가는 '존재'의 의미   62

3장   현대인의 존재 위기

정보 홍수 속에서 길을 잃다   67
빠른 속도가 가져오는 내면의 혼란   71
사회적 기준과 타인의 시선에 갇히는 나   75
비교와 경쟁 속에서 소멸되는 주체성   80
존재의 목소리가 작아지는 현실   85

4장   존재의 목소리 되찾기

자기 질문의 힘: "나는 누구인가?"   91
일상에서 자기 성찰을 시작하는 법   97
내면의 감정과 욕구 알아차리기   102
과거 경험과 현재의 연결고리 찾기   107
감정을 받아들이고 표현하는 연습   112

5장   존재의 의미 확장하기

'살아 있음'과 '존재함'의 차이   119
진정한 '나' 발견하기   124
나만의 고유함을 존중하는 법   129
세상과 조화를 이루는 태도   133
존재의 의미를 삶의 방향으로 연결하기   138

6장　존재와 삶의 자세

자기 질문의 힘: "어떻게 살 것인가?" 　145
삶에 대한 태도의 변화와 성장 　149
타인과의 관계 속에서 존중과 배려 　153
성숙한 존재로서의 책임감과 자유 　158
일상에서 실천하는 존재의 자세 　162

7장　일상 속 존재의 발견

평범한 순간에서 존재를 느끼는 법 　169
혼자만의 시간과 고독의 가치 　175
불안과 두려움을 마주하는 용기 　180
실패, 실수, 흔들림 속에서 나를 발견하기 　183
미안함과 용서 그리고 성장 　187

8장　존재의 인문학, 나와 우리를 위한 공부

자기 이해를 통한 내면 성장 　193
타인 이해와 공감 능력 키우기 　199
공동체 속에서의 존재 탐색 　205
삶과 함께하는 인문학의 역할 　211
너그러움, 단단함, 다정함의 의미와 실천 　215

9장　존재의 인문학을 삶에 적용하기

내면의 '나'를 만나는 구체적 방법들　　　223
성장과 치유의 지속적 과정　　　228
불확실성 속에서 존재하기　　　233
존재와 함께하는 삶의 기쁨과 도전　　　238
미래를 향한 존재의 여정 설계하기　　　243

10장　성장과 자아실현의 길

자기 인식과 성찰의 지속성　　　249
타인과의 관계에서 피어나는 존재감　　　254
반복과 꾸준함이 만드는 삶의 태도　　　258
존재의 확장: 자연과 사회와의 조화　　　263
존재의 실천이 이끄는 변화와 성장　　　268

끝맺는 말　　　273
참고 문헌　　　277

존재의 본질에 대한 다양한 정의

인간은 오래전부터 자신이 '존재한다'는 사실에 대해 끊임없이 질문해 왔다. "나는 누구인가?", "왜 살아야 하는가?", "삶의 의미는 무엇인가?"와 같은 물음은 단순한 철학적 호기심을 넘어, 인간으로 살아가는 이들이 삶의 방향과 태도를 결정하는 근원이 되어 왔다.

존재에 대한 철학적 접근은 고대 그리스 철학자 파르메니데스(Parmenides)로부터 시작되었다. 그는 변화와 소멸을 부정하며 오직 '존재하는 것'만이 진리라고 주장했다.

반면, 헤라클레이토스(Heraclitus)는 세상의 본질을 '변화'에서 찾았나. 그는 모든 것이 끊임없이 흐르고 변한다고 보았으며, 이 세상에는 고정된 것이 아무것도 없다고 주장했다. "같은 강물에 두 번 발을 담글 수 없다"는 그의 유명한 말처럼, 그는 모든 존재가 끊임없이 변화의 흐름 속에 있다고 보았다. 이러한 관점에서 그는 변화를 세상의 유일한 진리로 여겼다.

이 두 입장은 정반대처럼 보이지만, 존재를 바라보는 다양한 시각이 시작되는 중요한 출발점이 되었다.

플라톤(Plato)은 존재의 본질을 우리가 살고 있는 이 현실 세계가 아니라, '이데아(Idea)'라는 보이지 않는 세계에서 찾았다. 그에 따르면, 우리가 감각을 통해 보고 듣고 느끼는 이 세상은 불완전하고 끊임없이 변하는, 일종의 그림자에 불과하다. 반면, 진정한 존재는 감각으로 직접 인식할 수는 없지만, 결코 변하지 않고 완전한 본질, 즉 '이데아'의 세계에 존재한다고 보았다.

예를 들어, 우리가 접하는 '아름다운 것들'은 일시적이며 서로 다를 수 있지만, 그 모든 것이 닮고자 하는 완전한 '아름다움 그 자체'는 이데아의 세계에 존재한다는 것이다. 플라톤은 이러한 이데아야말로 진정한 실재이며, 철학의 목표는 감각의 세계를 넘어서 이데아를 인식하는 데 있다고 강조했다.

이에 반해 아리스토텔레스(Aristotle)는 플라톤처럼 보이지 않는 세계를 상정하기보다는, 우리가 실제로 경험하며 살아가는 이 현실 세계 안에서 존재의 본질을 탐구하고자 했다. 그는 존재란 추상적인 개념이 아니라, 구체적인 개별 사물 속에 담겨 있다고 보았다.

그에 따르면, 모든 사물은 그것이 '무엇인가'라는 본질과 '왜 존재하는가'에 대한 목적을 지니며, 형상(형태)과 질료(재료)의 결합을 통해 현실 속에서 실체로 드러난다. 예를 들어, 나무로 만든 의자는 '앉기 위한 것'이라는 목적과 '의자다움'이라는 형상을 가지고 있으며, 그것이 나무라는 재료(질료)와 결합될 때 비로소 실제 의자가 된다는 것이다.

그는 이처럼 현실 세계의 사물 속에서 존재의 의미를 찾고자 했으며, 모든 사물은 일정한 목적을 향해 나아가는 과정 속에서 이해되어야 한다고 보았다.

중세로 들어서면서 존재에 대한 논의는 신학과 밀접하게 연결되었다. 아우구스티누스(Saint Augustine)와 토마스 아퀴나스(Thomas Aquinas)는 신을 영원하고 절대적인 존재로 이해했으며, 인간은 신의 피조물로서 존재의 의미를 신과의 관계 안에서 찾는다고 보았다. 이 시기의 철학은 존재의 근원을 신에게 두었기 때문에, 인간 존재에 대한 물음은 신의 뜻과 섭리를 이해하려는 노력과 밀접하게 연결되어 있었다.

근대에 이르러 데카르트(René Descartes)는 "나는 생각한다, 고로 존재한다(I think, therefore I am.)"는 말로 존재의 기준을 외부가 아닌 자기 자신에게서 찾았다. 그는 회의와 의심을 통해 확실한 진리를 추구했고, 그 출발점으로 인간의 의식과 자각을 제시하였다. 이로써 존재는 객관적 실체가 아니라 주체의 인식과 밀접하게 연결된 개념이 되었다.

 하이데거(Martin Heidegger)는 존재에 대한 철학적 질문을 다시 중심에 두며, 존재를 단순한 개념이 아닌 인간 실존의 방식으로 이해하고자 했다. 그는 인간을 '현존재(Dasein)'라 부르며, 이 존재는 스스로의 존재를 자각하고 죽음을 향해 나아가는 존재라고 정의했다. 그에게 존재란 단순히 있는 것이 아니라, 세계와의 관계 속에서 드러나고 실현되는 것이다.

 동양 철학에서도 존재에 대한 사유는 깊이 있게 이루어졌다.

 유교는 인간을 고립된 개인이 아니라, 가족과 사회 속에서 살아가는 존재로 이해한다. 인간은 부모, 형제, 이웃, 친구, 군주 등 다양한 관계 안에서 자신의 역할과 책임을 다할 때 비로소 온전한 존재로 성장할 수 있다고 본다. 이러한 사회적 관계는 단순한 질서 유지가 아니라, 도덕적 수양과 인격 형성의 장(場)이다. 유교는 특히 효(孝), 충(忠), 예(禮)와 같은 덕목을 통해 도덕적 삶을 실천하는 것을 중요하게 여긴다. 결국 유교는 인간다움이란 타인과 조화로운 관계를 맺고, 끊임없는 수양을 통해 인격을 완성해 가는 과정에서 실현된다고 보았다.

 도가는 존재와 비존재, 즉 있음과 없음이 서로 순환하며 조화를 이루는 과정을 통해 삶의 이치를 설명하고자 했다. 세상의 모든 것은 고정되어 있지 않고, 끊임없이 흘러가는 변화 속에서 균형을 이루며 존재한다고 보았다.

특히 노자의 『도덕경』에서는 "도(道)는 말로 표현할 수 없는 근원"이라고 하며, 도를 어떤 고정된 개념이나 형상으로 설명할 수 없는 궁극적인 원리이자 흐름으로 여겼다. 도는 만물의 시작이자 근본이며, 모든 존재는 이 도의 자연스러운 흐름 속에서 생겨나고 사라진다고 보았다.

따라서 도가는 인위적인 힘으로 세상을 통제하기보다, 이러한 흐름에 순응하고 조화를 이루며 살아가는 삶의 태도를 강조했다.

현대의 심리학과 인문학에서도 '존재'는 여전히 중요한 주제로 다뤄지고 있다. 과거에는 '나는 누구인가?'라는 질문이 철학자들만의 깊은 사유에서 출발하는 것으로 여겨졌지만, 오늘날에는 누구나 삶 속에서 자아를 찾고자 하며 이 질문을 마주하게 된다.

직장과 가정, 인간관계 속에서 느끼는 혼란이나 공허함은 곧 자기 자신에 대한 물음으로 이어지고, '나는 왜 이렇게 느끼는가?', '진짜 나의 모습은 무엇인가?'라는 고민으로 확장된다.

이처럼 존재에 대한 탐구는 이제 학문적 담론을 넘어 일상 속에서 자기 이해와 성장을 추구하는 모든 사람의 중요한 과제가 되었다.

정신분석학은 사람 마음 깊은 곳에 숨겨진 무의식을 탐구함으로써, 우리가 스스로 인식하지 못하는 내면의 갈등과 욕구를 이해하려 했다. 이를 통해 자아, 즉 '나'라는 존재의 실체를 보다 정확히 파악하고자 하였다.

반면, 인간중심주의 심리학은 사람마다 본래 성장하려는 본능이 있으며, 자아실현이라는 과정을 통해 자신만의 존재 의미를 직접 경험할 수 있다고 보았다. 즉, 각 개인이 자신의 잠재력을 발견하고 발전시키면서 진정한 자신으로 살아가는 것이 중요하다고 강조했다.

결국 존재는 단순히 '어떤 것이 있다'는 상태만을 의미하지 않는다. 그것은 자신이 누구인지 스스로 깨닫고, 자신의 삶에서 어떤 길을 걸을지 선택하는 의식적인 과정이며, 더 나아가 다른 사람들과 관계를 맺고 소통하는 모든 경험을 포함한다. 즉, 존재는 자신을 이해하고 주변 세계와 조화를 이루며 살아가는 복합적인 과정이라고 할 수 있다.

존재의 본질을 이해한다는 것은 철학적 개념을 배우는 것이 아니라, 나 자신을 돌아보고 삶의 태도를 성찰하는 일이다. 따라서 존재는 멀리 있는 개념이 아니라, 바로 지금 이 순간 살아 숨 쉬는 우리 안에 있다.

우리가 존재에 대해 질문을 멈추지 않는 이유는, 그 질문이 곧 살아 있다는 증거이기 때문이다. 존재를 사유하는 시간은 삶의 속도를 늦추고, 내면의 목소리에 귀 기울이게 한다.

그리고 그 과정에서 우리는 더 진실하고, 더 깊이 있는 인간으로 성장하게 된다. 존재에 대한 물음은 끝나지 않으며, 그것은 우리가 살아가는 한 계속 이어질 것이다.

'내면의 나'와의 첫 대화

우리는 삶 속에서 끊임없이 외부와 소통하며 살아간다. 누군가와 이야기하고, 타인의 기대에 부응하려 애쓰며, 사회가 요구하는 역할을 수행한다.

그러나 이 모든 관계의 바탕이 되는 가장 중요한 대화는 사실, '내면의 나'와의 대화이다. 많은 사람들이 외적인 성공과 인정에는 민감하면서도, 정작 자기 자신과는 제대로 마주한 적이 없다.

내면의 나와의 대화는 조용한 순간에 시작된다. 바쁜 일상 속에서 문득 멈추게 되는 순간, 혹은 이유 없이 마음이 가라앉을 때 우리는 비로소 내면의 목소리를 듣는다. 이 목소리는 종종 작고 희미하게 들리며, 때로는 불편한 질문을 던지기도 한다.

"지금의 삶이 정말 내가 원하는 방향인가?", "나는 지금 어떤 감정을 억누르고 있는가?" 이런 질문들은 때로 마음을 불편하게 만들지만, 우리가 진짜 나를 만나는 길로 인도한다.

내면의 나는 언제나 우리 안에 있었다. 다만 우리가 오랫동안 무시하고 외면했을 뿐이다. 겉으로는 아무렇지 않은 듯 살아가지만, 속에서는 끊임없이 신호를 보낸다. 이유 없이 우울하거나, 사소한 일에 쉽게 화가 날 때, 그것은 내면의 내가 보내는 도움의 신호일 수 있다.

첫 대화는 어색하고 서툴 수 있다. 오랜 시간 무시당했던 내면의 나는 쉽게 마음을 열지 않을 수도 있다. 그러나 중요한 것은, 그 대화를 시도하려는 우리의 태도이다.

자기 자신을 비난하지 않고, 판단하지 않으며, 있는 그대로 인정하는 태도가 필요하다. 내면의 나를 있는 그대로 바라보는 순간, 우리는 비로소 진짜 이해와 치유의 출발점에 서게 된다.

내면과의 대화를 시작하는 방법은 거창할 필요가 없다. 잠시 눈을 감고 깊게 숨을 쉬며 오늘 하루를 되돌아보는 것, 일기장에 지금 느끼는 감정을 솔직히 적어보는 것, 혹은 고요한 음악을 들으며 마음을 살피는 것만으로도 충분하다. 중요한 것은 내면을 향한 진심 어린 관심이다.

이러한 대화는 삶의 방향을 바꾸는 힘이 있다. 우리는 외부의 기준이 아닌, 자기 내면의 가치에 따라 삶의 선택을 하게 된다. 진정한 자존감은 타인의 인정에서 오지 않고, 스스로를 이해하고 수용하는 데서 비롯된다. 내면의 나를 이해할수록 우리는 더욱 단단하고 평온한 사람이 되어간다.

내면의 나와의 첫 대화는 단지 한 번의 사건이 아니다. 그것은 앞으로의 삶에서 계속 이어져야 할 긴 여정의 시작이다. 때로는 자신에게 실망할 수도 있고, 감당하기 힘든 감정을 마주할 수도 있다. 그러나 그런 모든 과정 속에서 우리는 조금씩 자기 자신과 친해지고, 삶을 더욱 깊이 이해하게 된다.

이제 우리는 더 이상 외면하지 말아야 한다. 바쁘다는 핑계로, 두렵다는 이유로 내면을 외면한 시간은 충분했다. 지금 이 순간부터, 내면의 나와 조용히 대화를 나눠보자.

그 대화 속에서 우리는 삶의 본질과 마주하게 될 것이며, 비로소 진정한 나로 살아갈 수 있는 용기를 얻게 될 것이다.

존재에 대한 고대부터 현대까지의 철학적 탐구

인간은 고대로부터 끊임없이 '존재'에 대해 질문해 왔다. "나는 누구인가?", "존재란 무엇인가?", "무엇이 존재하는가?"와 같은 물음은 철학의 출발점이 되었고, 시대를 초월하여 다양한 철학자들이 이 주제에 대해 탐구해 왔다.

기원전 5세기 엘레아 학파(Eleatic School)의 파르메니데스는 "존재는 있고, 비존재는 없다(Being is, non-being is not)"는 명제로 존재론의 기초를 놓았다. 그는 모든 변화와 운동을 부정하며, 존재는 하나이며 불변한다고 주장하였다. 이는 이후 형이상학의 기초가 되었으며, 그의 주장은 플라톤에게 깊은 영향을 주었다.

같은 시기의 헤라클레이토스는 "모든 것은 흐른다(Everything flows)"는 주장으로 세계는 끊임없는 변화 속에 있다고 보았다. 그는 불이 모든 사물과 현상의 근원이라고 주장했다. 그리고 세상에는 서로 충돌하고 맞서는 힘들이 존재하며, 이러한 대립과 긴장이 균형을 이루면서 세계의 질서와 조화를 만들어 낸다고 보았다. 이는 후대의 변증법적 사고의 원형이 되었다.

플라톤은 감각적 세계는 불완전하고 변화하지만, 그 너머에 영원하고 완전한 존재인 '이데아'의 세계가 존재한다고 주장하였다. 이데아는 보이지 않지만 진정한 실재이며, 인간은 이데아를 회상함으로써 진리를 인식할 수 있다고 보았다. 그에게 있어 존재는 이데아의 완전성 속에서 설명되었으며, 감각 세계는 단지 그 그림자에 지나지 않았다.

아리스토텔레스는 스승인 플라톤과는 달리, 우리가 실제로 경험하고 관찰할 수 있는 현실 세계 속에서 존재를 설명하고자 했다. 플라톤이 눈에 보이지 않는 이데아 세계를 진정한 실재로 여긴 것과는 달리, 그는 감각적으로 인식되는 이 세계를 탐구의 출발점으로 삼았다.

그는 모든 존재는 두 가지 요소, 즉 '형상'과 '질료'의 결합으로 이루어져 있다고 보았다. 여기서 '형상'은 단순한 외형이 아니라, 어떤 것이 '무엇인지'를 결정하는 본질과 목적을 의미하고, '질료'는 그것이 구성된 재료나 가능성을 뜻한다. 예를 들어, 나무로 만든 의자는 나무라는 질료와 '앉을 수 있는 구조'라는 형상이 결합된 결과물이다.

또한 그는 존재는 고정된 상태가 아니라, 어떤 가능성이 목적을 향해 실현되어 가는 과정으로 이해했다. 그는 이 과정을 '엔텔레케이아(Entelechy)'라고 불렀다. 이는 사물이 단순히 현재 존재하고 있다는 것이 아니라, 내재된 가능성을 완성해 나가는 동적인 흐름이라는 뜻이다. 예를 들어, 도토리는 참나무가 될 수 있는 잠재력을 지니고 있으며, 그 가능성을 실현해 나가는 과정 자체가 바로 존재의 의미라는 것이다.

이처럼 그에게 존재란 그저 '있는 것'이 아니라, '되어 가는 것'이며, 사물이나 인간은 모두 각자의 목적과 본성을 향해 나아가는 중이라는 점에서 의미를 지녔다. 그의 존재론은 이후 자연과학과 목적론적 사고에 지대한 영향을 끼쳤다.

기독교 철학자들은 존재를 신학과 결합시켰다. 아우구스티누스는 존재의 근원을 신의 창조 행위로 보았고, 신만이 진정한 존재로서 영원하고 완전하다고 주장하였다. 시간 속의 모든 존재는 변화하고 소멸할 수밖에 없지만, 신은 시간과 공간의 제약을 받지 않는 영원한 실재라고 보았다. 또한 참된 존재의 의미는 신과의 관계 속에서 비로소 드러난다고 주장하였다. 따라서 인간은 자기 존재의 의미를 이해하기 위해 신을 향해 나아가야 하며, 이 여정 속에서 비로소 진정한 진리와 존재에 도달할 수 있다고 믿었다.

토마스 아퀴나스는 아리스토텔레스의 철학을 바탕으로 기독교 신학을 체계화하려 하였으며, 특히 신의 존재를 이성적으로 증명하고자 노력했다. 그는 '존재하는 모든 것은 원인을 가지며, 그 궁극적인 원인은 신이다'라고 주장하였다. 이른바 '신 존재 증명의 다섯 가지 길(Five Ways)'을 통해, 그는 세계의 질서, 운동, 존재의 연속성 등을 분석하며, 모든 존재는 결국 신이라는 제1원인(First Cause)에서 비롯된다고 설명했다. 따라서 이 시기의 철학에서는 개별 존재가 스스로 존재하는 것이 아니라, 신의 의지와 창조 질서 속에서 의미를 갖는다고 여겼다. 존재란 독립된 실체라기보다, 신의 계획과 목적 안에서 이해되는 개념이었다.

데카르트는 근대 철학의 출발점이라 불릴 만큼 중요한 사유의 전환을 이끌었다. 그는 "나는 생각한다, 고로 존재한다(Cogito, ergo sum)"는 명제를 통해, 존재의 기준을 외부 세계가 아니라 자기 자신의 생각, 즉 '자아의 사유'에서 찾았다.

그는 모든 것을 철저히 의심하는 방식, 즉 '방법적 회의'를 통해 진리에 접근하고자 했다.

우리가 감각으로 인식하는 외부 세계는 꿈일 수도 있고, 신비한 존재가 우리를 속이고 있을 수도 있기 때문에 확실하지 않다고 보았다. 하지만 이런 극단적인 의심 속에서도 확실한 하나의 진실이 드러났다. 그것은 바로, 지금 이 모든 것을 의심하고 있는 '나'는 분명히 존재하고 있다는 사실이다.

즉, 생각하고 있는 자신만은 결코 부정할 수 없다는 결론에 도달한 것이다. 아무리 모든 것을 의심하더라도, 그 의심을 하고 있는 주체는 존재한다는 사실만큼은 부정할 수 없기 때문이다. 이로써 그는 존재의 출발점을 외부 세계가 아닌 '자기 자신의 의식과 사고 활동'에서 찾았다.

이러한 관점은 철학사에 큰 전환점을 가져왔다. 존재는 더 이상 객관적으로 '밖에 있는 무엇'이 아니라, 인식하는 주체인 '나' 안에서 확인되고 증명되는 것으로 바뀌었다.

다시 말해, 존재란 '주체적 인식의 산물', 즉 생각하는 자아가 존재를 규정하는 중심이 된 것이다. 이로 인해 인간은 자신의 사유를 통해 세계를 이해하고, 의미를 부여하는 능동적인 주체로 새롭게 자리매김되었다.

스피노자(Baruch Spinoza)는 전통적인 종교적 관점과 달리, 신과 자연을 별개의 존재로 보지 않고 동일한 실체로 간주하였다. 그는 신이 초월적인 존재가 아니라, 자연 그 자체이자 우주 전체와 일치하는 '하나의 무한한 실체'라고 주장하였다. 이를 통해 그는 "신은 곧 자연이다(Deus sive Natura)"라는 유명한 말을 남겼다.

그에 따르면, 세상에 존재하는 모든 것—사람, 동물, 식물, 자연 현상 등—은 하나의 실체가 다양한 방식으로 드러나는 표현들에 불과하다. 마치 하나의 바다가 수많은 파도를 만들어내듯, 하나의 본질(신 혹은 자연)이 다양한 형식으로 현실에 나타난다는 것이다.

이러한 관점에서 보면, 모든 존재는 개별적이고 독립적인 것이 아니라, 하나의 본질로 연결되어 있으며 서로 깊이 관련되어 있다. 따라서 인간 역시 자연의 일부이자 신적인 실체의 표현이므로, 자연의 법칙과 조화를 이루며 살아가는 것이 진정한 자유로 이어진다고 그는 보았다.

그의 철학은 신을 인간처럼 감정을 가진 존재로 보는 것이 아니라, 자연의 질서와 필연성 속에 내재한 무한한 존재로 바라본 점에서 혁명적이었다. 그에게 있어 존재란 단 하나의 본질이 무수한 방식으로 현실 세계 속에 구현되는 과정이었다.

라이프니츠(Leibniz)는 세상의 모든 존재를 '모나드(monad)'라는 무한하고 더 이상 나눌 수 없는 단위로 설명하였다. 모나드는 물리적인 성질을 지니지 않은 정신적인 실체로, 각각 독립적이며 고유한 관점을 가진다.

세상에 존재하는 모든 것은 저마다의 모나드로 이루어져 있으며, 이들은 서로 직접적으로 영향을 주지 않지만, 신에 의해 미리 조율된 '사전 조화(Pre-established harmony)' 속에서 완벽하게 작동한다. 이처럼 라이프니츠는 모나드를 통해 개별성과 전체 질서의 조화를 동시에 설명하고자 했다.

칸트(Immanuel Kant)는 인간이 세상을 인식하는 방식을 깊이 탐구한 철학자이다. 그는 우리가 무언가를 안다고 할 때, 그것은 대상을 있는 그대로 아는 것이 아니라, 우리의 감각과 이성의 틀을 통해 해석된 모습이라고 보았다.

이 과정에서 칸트는 두 가지 개념을 구분하였다. 하나는 우리가 실제로 경험하고 인식할 수 있는 세계인 '현상', 다른 하나는 인간의 인식이 닿지 않는 대상의 본모습인 '물자체'이다.

그는 인간이 경험을 통해 세상을 알 수는 있지만, 그것은 어디까지나 시간, 공간, 인과성 등의 틀 안에서 구성된 것일 뿐이라고 보았다. 다시 말해, 존재는 단순히 '거기 있음'을 뜻하는 것이 아니라, 우리가 어떻게 그것을 인식하고 이해하느냐에 따라 달라진다는 것이다.

하이데거는 철학에서 '존재'라는 주제를 다시 가장 중요한 문제로 끌어왔다. 그는 "우리는 존재에 대해 너무도 당연하게 여기며, 오히려 잊고 살아간다"고 말하며, 철학은 존재를 설명하기 전에 먼저 '존재란 무엇인가'를 진지하게 묻는 데서 출발해야 한다고 주장했다.

그는 인간을 단순한 생명체가 아니라, '현존재'—즉, 자신의 존재를 인식하고 그것에 대해 물을 수 있는 존재—라고 보았다. 그는 특히 인간이 '죽음을 향해 살아가는 존재'라는 사실을 자각함으로써, 자신의 존재를 더 진지하게 성찰하고 본질에 가까이 다가갈 수 있다고 보았다.

사르트르(Jean-Paul Sartre)는 "실존은 본질에 앞선다"는 말로 인간 존재의 본질을 설명했다. 그는 인간이 어떤 정해진 본질이나 목적을 가지고 태어나는 것이 아니라, 먼저 세상에 존재한 다음에 자신의 삶의 의미를 스스로 만들어 간다고 보았다. 인간은 어떤 목적에 따라 만들어진 것이 아니라, 자유롭게 선택하고 행동함으로써 자신이 어떤 존재인지 결정해 나간다고 주장했다.

그에 따르면 인간은 의미 없는 세계에 던져진 존재다. 그 누구도 인간에게 삶의 방향을 정해주지 않는다. 대신 인간은 스스로 선택하고, 그 선택에 책임져야 한다. 이 자유는 인간에게 가능성을 열어주지만, 동시에 불안과 책임의 무게도 안겨 준다고 보았다.

그는 인간이 자기 삶의 주체가 되어야 한다고 강조했다. 주어진 조건에 순응하는 것이 아니라, 끊임없이 자기 삶을 만들어가는 존재가 바로 인간이라는 것이다. 그는 존재를 단순히 살아 있는 상태가 아니라, 자유로운 선택과 실천을 통해 자신을 구성해 나가는 과정으로 이해했다.

메를로퐁티(Maurice Merleau-Ponty)는 존재를 머리로만 이해하는 것이 아니라, 몸을 통해 느끼고 경험하는 것이라고 보았다. 그는 우리가 세상과 관계를 맺으며 보고, 만지고, 느끼는 감각 속에서 존재가 드러난다고 생각했다. 존재는 단순한 생각이 아니라, 몸이 세상과 만나는 순간에 생겨나는 것이라는 의미였다. 그는 '살(flesh)'이라는 개념을 통해 인간과 세계가 분리되어 있는 것이 아니라, 서로 연결되어 함께 살아가는 관계임을 강조했다. 즉, 존재는 나와 세상이 따로 떨어져 있는 것이 아니라, 서로 얽히고 영향을 주고받는 상호작용 속에서 드러난다고 설명했다.
 유교는 인간의 존재를 개인이 혼자 살아가는 존재로 보기보다는, 다른 사람들과 맺는 관계 속에서 이해하려 했다. 유교 사상에서 중요한 가치는 '인(仁)'과 '예(禮)'인데, '인'은 다른 사람에 대한 따뜻한 마음과 사랑을 의미하고, '예'는 사회 안에서 지켜야 할 예절과 질서를 뜻한다. 유교는 이러한 도덕적 가치를 바탕으로, 사람들이 서로 존중하고 조화를 이루며 살아가는 윤리적인 삶을 이상으로 삼았다.
 즉, 인간은 도덕적인 관계 안에서 서로를 배려하고 책임지며 살아가야 한다는 것이 유교의 핵심적인 가르침이다. 따라서 유교는 존재를 타인과의 관계 안에서 끊임없이 도덕적으로 완성되어 가는 주체로 정의하였다.
 도가는 세상에 존재하는 모든 것은 서로 맞물려 순환한다고 보았다. 존재하는 것과 존재하지 않는 것은 서로 반대되는 것이 아니라, 서로를 필요로 하고 끊임없이 이어지는 관계에 있다고 여긴다. 이처럼 도가는 삶을 억지로 바꾸거나 통제하려 하지 않고, 자연스럽게 흘러가는 이치를 따르는 삶의 자세를 중요하게 여긴다.
 그래서 '무위자연(無爲自然)'이라는 태도를 강조하는데, 이는 인위적으로 애쓰지 말고, 자연의 흐름에 맞춰 조화롭게 살아가야 한다는 뜻이다. 도가는 인간이 스스로의 욕망이나 사회의 규칙에 매이지 않고, 본래의 자연스러운 삶의 리듬을 회복할 때 진정한 존재의 의미를 깨달을 수 있다고 가르쳤다.

불교는 고정된 자아나 변하지 않는 실체가 존재하지 않는다고 보았다. 이를 '무아(無我)'라고 하며, 인간이 믿는 자아라는 것도 실상은 여러 조건이 잠시 모여 만들어진 것에 불과하다는 의미이다. 또한 불교는 '공(空)'이라는 개념을 통해 세상의 모든 것은 독립적으로 존재하는 것이 아니라, 서로 의존하고 인연에 따라 생겨났다가 사라진다고 주장하였다.

예를 들어, 꽃 한 송이도 햇빛, 공기, 물, 흙 같은 다양한 조건이 갖춰졌을 때만 피어날 수 있다고 보았다. 불교는 이러한 가르침을 바탕으로, 고통에서 벗어나기 위해서는 존재에 대한 집착을 내려놓아야 한다고 강조하였다.

불교에서 존재란 고정되거나 독립된 실체가 아니라, 끊임없이 변하며 서로 의존하는 관계 속에서 잠시 드러나는 인연의 결과로 여겨졌다.

존재에 대한 철학적 탐구는 시대와 문화, 사유의 방법에 따라 다양한 방식으로 전개되었다. 고대의 형이상학적 사유에서부터 현대의 실존과 몸에 대한 철학적 성찰, 그리고 동양의 조화와 순환의 사상까지, 존재는 단순히 '있는 것'을 넘어, '어떻게 존재할 것인가', '왜 존재하는가'라는 물음으로 확장되어 왔다.

이러한 존재론적 관점은 인간의 삶을 성찰하고, 타인과 세계를 이해하는 데 중요한 밑거름이 된다. 철학은 단순한 이론이 아니라 존재하는 우리 자신을 더 깊이 이해하기 위한 노력이며, 오늘날에도 여전히 유효한 사유의 여정이다.

존재를 묻는다는 것의
의미와 중요성

"나는 누구인가?", "왜 살아야 하는가?", "어떻게 살아야 하는가?", "나는 어떻게 존재하고 있는가?" 인간이라면 누구나 한 번쯤 스스로에게 이러한 질문을 던진다. 그것은 단지 철학자들의 주장이나 학문적 탐구에서만 비롯된 것이 아니다.

오히려 일상 속에서 방향을 잃었을 때, 사랑과 상실을 경험했을 때, 혹은 아무 이유 없이 마음이 무너질 때, 인간은 자신이라는 존재를 바라보게 된다. 이처럼 존재에 대해 묻는다는 것은 삶을 살아가는 데 있어 근본적이고 본질적인 행위다.

존재를 묻는다는 것은 곧 자기 자신을 성찰하는 일이다. 단순히 "나는 존재한다"는 명제를 넘어서, "나는 어떤 방식으로 존재하고 있는가?", "내가 지금의 삶을 이끌어 가는 방식은 나다운 것인가?"라는 질문으로 이어진다.

이러한 질문은 우리가 자동적으로 반복하는 삶의 루틴에서 벗어나, 선택과 방향성에 대해 고민하게 만든다. 존재에 대한 질문은 우리를 멈추게 하며, 스스로를 돌아보게 하고, 새롭게 시작할 수 있게 만든다.

이 질문은 고대 그리스 철학자들로부터 현대 실존주의자들에 이르기까지 수많은 사유의 출발점이 되어 왔다. 파르메니데스는 "존재는 있고, 비존재는 없다"는 선언으로 존재의 절대성과 불변성을 강조했다. 반면 헤라클레이토스는 "모든 것은 흐른다"고 말하며 변화 속의 존재를 주목했다.

플라톤은 보이는 세계 너머에 완전한 이데아가 있다고 보았고, 아리스토텔레스는 형상과 질료의 결합 속에서 존재를 설명했다. 이러한 철학자들의 사유는 존재를 향한 인간의 끊임없는 질문이 얼마나 오래되고도 깊은 주제인지를 보여준다.

현대에 들어서 존재에 대한 물음은 더욱 심오하고 실존적인 질문으로 변화해 왔다. 하이데거는 철학이 존재를 잊었다고 말하며, 존재를 묻는 행위 자체를 철학의 중심으로 되돌려 놓았다. 그는 인간을 '현존재'로 정의하며, 죽음을 자각하는 존재로서 삶의 의미를 스스로 만들어 가야 한다고 강조했다.

사르트르 역시 "실존은 본질에 앞선다"는 선언으로, 인간이란 정해진 본질 없이 세상에 던져진 존재이며, 선택과 책임을 통해 자신의 존재를 구성해 나간다고 보았다. 이처럼 존재를 묻는 일은 단순한 개념적 사유가 아니라, 구체적인 삶의 태도이자 자기 결정의 과정이다.

삶의 속도가 점점 빨라지고, 정보가 넘쳐나는 시대에 존재에 대해 묻는 일은 오히려 더 절실해지고 있다. 많은 사람들이 바쁘게 살아가면서도 삶의 이유를 모르겠다고 말한다. 그것은 타인의 기대와 사회적 기준, 끊임없는 경쟁 속에서 자신을 잃고 삶의 방향마저 놓치고 있기 때문일 것이다.

이럴 때 존재를 묻는 일은 단순한 사유가 아니라, 자기 자신에게로 돌아가는 길이 된다. "나는 지금 어떤 감정을 느끼고 있는가?", "이 삶이 진짜 나다운 삶인가?", "내가 중요하게 여기는 가치는 무엇인가?"라는 질문은 우리를 일상에서 깨어나게 만들고, 진정으로 살아 있게 한다.

존재를 묻는다는 것은 곧 책임을 지는 일이다. 존재에 대해 질문한다는 것은 삶을 외부에 맡기지 않고, 자기 삶의 주체로서 서겠다는 선언이다.

내가 누구인지, 어떤 방식으로 살아가고 싶은지를 끊임없이 되물으며 우리는 더욱 진정한 삶으로 다가갈 수 있다. 그 질문은 때로 불안과 두려움을 동반하지만, 그 불편함 속에서 진정한 변화가 시작된다.

결국 존재에 대한 질문은 철학의 언어로 말하면 형이상학이고, 일상의 언어로 말하면 '나답게 사는 삶', '더불어 사는 삶'에 대한 고민이다. 존재를 묻는 것은 인간이 인간다울 수 있게 하는 시작이며, 타인과 세계를 이해하고 공감하는 데 이르는 지름길이기도 하다.

우리는 때때로 길을 잃는다. 그러나 존재에 대해 묻는 바로 그 순간, 우리는 다시 길을 찾기 시작한다. 삶이 흔들릴수록 더욱 필요한 것은 바로 '존재'에 대한 질문이다.

이 질문은 단지 답을 찾기 위한 과정이 아니라, 스스로를 깊이 들여다보고 더 나은 방향으로 삶을 이끌어가는 용기를 북돋아 주는 여정이다.

'나'라는 주체의 형성 과정

 우리는 종종 '나는 누구인가'라는 질문 앞에 선다. 하지만 이 질문은 단순히 이름이나 직업, 성격을 묻는 것이 아니다. 그것은 내가 어떻게 '나'가 되었는가, 그리고 지금 이 순간의 '나'는 어떤 과정을 통해 형성되었는가를 되짚는 깊은 물음이다. '나'라는 주체는 고정된 실체가 아니라, 시간 속에서 형성되고 변화해 가는 존재다.
 고대 철학에서는 '자아'라는 개념보다는 '영혼' 혹은 '본질'에 대한 논의가 주를 이뤘다. 플라톤은 인간을 육체와 영혼의 이중 구조로 보았고, 진정한 자아는 감각이 아닌 이데아의 세계에 가까운 영혼에 있다고 보았다. 아리스토텔레스는 인간의 본질을 '이성적 동물'로 정의하며, 사고하는 능력 자체를 자아 형성의 중심에 두었다.

근대에 이르러, 데카르트는 "나는 생각한다, 고로 존재한다"는 명제로 철학사에서 자아 개념을 중심에 두었다. 그는 회의를 통해 세계의 모든 것을 의심하면서도, 의심하는 나 자신은 부정할 수 없다는 결론에 도달하였다. 이로써 근대철학은 자아를 '확실한 존재의 출발점'으로 삼았고, 이후 자아 중심의 인식론적 탐구가 본격화되었다.

하지만 이러한 관점은 20세기 실존주의 철학자들에 의해 비판되었다. 사르트르는 "실존은 본질에 앞선다"고 주장하며, 인간은 정해진 본질 없이 세상에 던져졌고, 스스로 삶의 의미를 만들어 가는 존재라고 보았다. 즉, '나'라는 주체는 주어진 것이 아니라 끊임없이 선택하고 구성되는 것이라고 주장하였다.

심리학에서는 '나'라는 주체를 자아(ego)라는 개념으로 설명한다. 프로이트(Freud)는 인간의 정신을 이드(id), 자아(ego), 초자아(superego)로 나누었으며, 자아는 현실을 조정하는 중재자 역할을 한다고 보았다. 자아는 충동과 사회적 요구 사이에서 균형을 잡으려는 의식적 주체로, 성장 과정에서 점차 형성된다고 주장하였다.

에릭슨(Erik H. Erikson)은 자아 발달을 전 생애에 걸친 심리사회적 단계로 설명하며, 각 시기마다 자아 정체감을 형성하는 도전과 과제가 존재한다고 했다. 청소년기는 "나는 누구인가?"라는 물음을 통해 자아 정체성을 형성하거나, 그렇지 않으면 역할에 대한 혼란에 빠질 수 있는 시기라고 보았다.

또한 융(Carl Jung)은 인간의 내면에는 '자기(Self)'라는 깊은 중심이 존재한다고 보았다. 이는 우리가 흔히 말하는 '자아', 즉 의식적인 나 자신보다 훨씬 더 근원적인 무의식의 중심을 의미한다. 그에 따르면, 인간은 단순히 자아를 강화하는 데 그치는 것이 아니라, 무의식의 다양한 요소들과 조화를 이루며 보다 깊은 차원의 '자기'를 향해 나아가야 한다.

그는 이러한 과정을 '개성화(individuation)'라고 불렀으며, 인간이 '진정한 자기'를 실현할 때 비로소 내면의 갈등이 통합되고 하나의 온전한 존재로 거듭날 수 있다고 강조하였다. 다시 말해, 자기 실현은 단순한 만족이나 성취를 넘어, 인간 내면의 온전함을 이루는 길인 것이다.

미드(George H. Mead)는 인간의 자아가 선천적인 것이 아니라, 사회 속에서 다른 사람들과의 상호작용을 통해 형성된다고 보았다.

그는 자아를 두 가지 구성 요소로 나누었는데, 하나는 '나(I)', 다른 하나는 '나를 보는 나(Me)'이다. '나(I)'는 자발적이고 창조적인 측면, 즉 개인이 주체적으로 사고하고 행동하는 능동적인 자아를 의미한다. 반면, '나를 보는 나(Me)'는 타인의 시선을 의식하고 사회의 규범과 기대를 내면화한 자아로, 자신이 사회 속에서 어떻게 보이는지를 인식하는 수동적인 측면을 나타낸다.

그는 이 두 요소가 끊임없이 상호작용함으로써 자아가 발달한다고 보았으며, 특히 언어, 놀이, 게임과 같은 사회적 경험을 통해 인간은 점차 자신을 하나의 사회적 존재로 인식하게 된다고 설명하였다.

우리는 타인의 시선, 사회적 규범, 언어 속에서 자신을 인식하고 정체화한다. 이른바 '거울 자아' 개념은 내가 누구인가를 알기 위해서는 타인의 반응을 참고해야 함을 말해준다.

사회학자 부르디외(Pierre Bourdieu)는 자아를 사회적 구조 안의 '습관'과 연결지어 설명했다. 그는 우리가 선택하는 취향이나 태도조차도 사회적 맥락에서 길들여진 결과임을 강조했다. 즉, '나'는 온전히 자유로운 선택의 결과라기보다 사회적 조건과 문화 자본에 의해 형성된 복합체라는 것이다.

현대의 인문학은 '고정된 자아'라는 개념을 점점 더 해체하고 있다. 포스트모더니즘 철학자 푸코(Michel Foucault)는 '자아는 사회가 만들어낸 규칙과 기준, 그리고 사람들이 옳다고 믿는 지식과 생각들 속에서 형성된 것'이라고 보았다.

현대 심리학에서도 '다중 자아', '유동적 자아'라는 개념이 등장했다. SNS나 디지털 정체성처럼, 우리는 상황에 따라 다양한 '나'를 구성하고, 그 중 어느 하나도 절대적이지 않다. 이는 '나'라는 주체가 하나의 고정된 정체성이 아니라, 유동적이고 상황에 따라 변화하는 과정임을 의미한다.

'나'라는 주체는 태어나는 순간부터 주어지는 것이 아니라, 살아가며 만들어지고 변화하는 존재다. 철학은 자아의 본질을 묻고, 심리학은 그 발달 과정을 설명하며, 사회학은 그것이 형성되는 조건을 보여준다.

 결국 중요한 것은 '나는 누구인가'라는 질문을 멈추지 않는 태도이며, 그 질문 속에서 우리는 조금씩 더 자신에 가까워진다. 존재란 완성된 자아로 살아가는 것이 아니라, 불완전한 자신을 인정하고 끊임없이 성장해 가는 여정이다.

 '나'를 묻는 일은 곧 살아 있다는 증거이며, 그 질문을 통해 우리는 더 성숙하고, 더 깊은 '나'로 나아간다.

인문학이란 무엇인가?

우리는 살아가면서 종종 "나는 누구인가?", "어떻게 살아야 하는가?", "무엇이 좋은 삶인가?"와 같은 질문을 품게 된다.

이러한 질문은 단순한 지적 호기심에서 비롯된 것이 아니라, 스스로를 알고 더 나은 삶을 살고자 하는 깊은 욕구에서 비롯된다. 바로 이처럼 인간과 삶, 존재, 가치에 대해 묻고 생각하는 학문이 인문학이다.

인문학은 인간에 관한 학문이다. 인간이 어떤 존재인지, 인간의 삶이 어떤 의미를 가지는지, 인간은 어떻게 생각하고 느끼는지를 탐구한다. 여기에는 철학, 문학, 역사, 예술, 종교, 언어학 등 다양한 분야가 포함된다. 겉으로 보면 각기 다른 학문처럼 보이지만, 그 중심에는 '인간'이라는 공통된 주제가 자리하고 있다.

인문학은 단지 옛날 이야기를 공부하거나, 유명한 철학자의 말을 외우는 것이 아니다. 인문학의 목적은 우리 자신과 세계에 대해 더 깊이 이해하는 데 있다.

왜 사람들은 사랑하고 미워하며, 왜 서로를 이해하지 못할까? 어떻게 하면 고통 속에서도 의미 있는 삶을 살 수 있을까? 인문학은 이러한 질문에 답을 찾도록 도와주는 길잡이다.

특히 오늘날처럼 빠르고 복잡하게 변화하는 시대에는 인문학의 중요성이 더욱 커진다. 우리는 기술의 발달로 많은 정보를 쉽게 얻을 수 있지만, 정작 "어떻게 살아야 하는지"에 대해서는 스스로 깊이 고민할 시간이 부족하다.

인문학은 바로 이런 시대에 멈추어 서서 삶의 방향을 돌아보게 하는 힘을 가지고 있다.

예를 들어, 철학은 생각의 틀을 만들어 준다. 왜 어떤 것을 옳고 그르다고 판단하는지, 나의 생각은 어떤 전제에 기반을 두고 있는지를 탐구하게 한다. 문학은 타인의 삶과 감정을 간접적으로 경험하게 하며, 인간의 복잡한 내면 세계를 이해하는 통로가 된다. 역사학은 우리가 어떻게 지금에 이르렀는지를 돌아보게 하여 미래에 대한 통찰을 길러 준다.

무엇보다 인문학은 질문하는 힘을 길러 준다. 정해진 답을 찾기보다는 더 나은 질문을 던지게 하고, 다양한 관점에서 사유하도록 이끈다.

인문학을 공부한다고 해서 당장 실용적인 이익이 생기지는 않을 수 있다. 하지만 인문학을 통해 우리는 '인간답게 사는 법', '다른 이들과 조화롭게 살아가는 법', '자기 삶의 주인이 되는 법'을 배울 수 있다.

결국 인문학은 삶을 위한 학문이다. 내가 누구인지, 왜 살아가는지, 어떻게 살아야 하는지를 깊이 묻고 대답하려는 노력 자체가 인간다움의 표현이다. 삶이 흔들릴 때, 타인과의 관계가 어려울 때, 의미를 잃은 듯한 순간에 인문학은 우리에게 다시 길을 비춰 준다.

인문학은 정답을 주는 학문이 아니다. 대신 생각할 수 있는 힘, 공감할 수 있는 마음, 인간과 세계를 바라보는 더 깊은 시각을 길러 준다. 그래서 인문학은 단지 지식을 쌓기 위한 공부가 아니라, 의미 있게 살아가기 위한 공부다.

인간다움과 인문학적 사유

 우리는 매일 사람들과 관계를 맺고, 선택을 하며 삶을 살아간다. 그 과정에서 "무엇이 옳은가", "나는 어떻게 살아야 하는가", "사람답게 산다는 것은 무엇인가"와 같은 질문이 마음속을 스쳐 지나가기도 한다.
 이런 질문은 단순한 호기심이 아니라, 우리가 인간으로서 삶을 살아가는 데 꼭 필요한 물음이다. 그리고 이 물음에 답하려는 시도가 바로 인문학적 사유이며, 인간다움의 본질을 찾아가는 여정이다.
 '인간다움'이라는 말은 너무 자주 쓰여서 오히려 막연하게 느껴진다. 하지만 그 말의 깊이를 들여다보면, 우리는 한 가지 중요한 사실을 깨닫게 된다. 인간다움은 단지 '사람인 것'에서 오는 것이 아니라, '사람답게 살아가려는 노력' 속에서 비로소 드러난다는 것이다.

인간다움은 타인을 배려하고, 약자를 도우며, 책임을 다하는 데서 비롯된다. 또한 자기 자신을 성찰하고 감정을 조절하며, 삶의 의미를 고민하는 태도에서도 인간다움은 드러난다.

누군가를 이해하려고 애쓰는 마음, 말보다 행동으로 신뢰를 보여주는 자세, 실패 앞에서 좌절하기보다는 다시 일어서는 용기―이 모든 것은 진정한 인간다움을 보여주는 모습이다.

인문학은 인간을 중심에 놓고 사고하는 학문이다. 철학은 인간 존재와 삶의 목적을 묻고, 문학은 다양한 인간 감정과 관계를 이야기하며, 역사학은 인간의 발자취를 성찰한다.

이처럼 인문학은 인간에 대한 깊은 이해를 통해 '인간다움'이 무엇인지 계속해서 되묻는다.

빠르게 변하는 세상 속에서 우리는 점점 더 효율과 성과를 중시하게 되었다. 결과를 내지 못하면 무능하다고 판단되고, 감정을 드러내면 업무에 방해된다고 여겨진다.

그러나 인문학은 이런 흐름에 질문을 던진다. "우리는 왜 살아가는가?", "더 나은 삶이란 무엇인가?", "사람이 사람을 이해한다는 것은 어떤 의미인가?"

이 질문들은 삶의 본질로 우리를 이끈다. 우리는 그저 '일 살하는 기계'가 아니라, 고뇌하고 사랑하고 실패하며 다시 일어서는 '인간'임을 상기시킨다. 인문학적 사유는 인간다움을 잃지 않도록 우리를 붙잡아 주는 내면의 이정표와 같다.

  오늘날 우리는 기술의 편리함을 누리고 있지만, 그만큼 감정의 거리는 멀어졌다. 스마트폰으로 누구와도 연결될 수 있지만, 정작 마음 깊은 이야기를 나눌 상대는 점점 줄어들고 있다. 서로를 경쟁자로 바라보는 사회 속에서 타인에 대한 연민이나 이해는 점점 희미해져 간다.

  이럴 때일수록 더욱 필요한 것이 인간다움이다. 인간다움은 단지 윤리적인 미덕이 아니라, 우리가 건강하게 살아가기 위한 조건이다. 따뜻한 시선, 열린 마음, 성찰의 힘은 관계를 회복시키고, 사회를 더 나은 방향으로 이끄는 원동력이 된다.

  또한 인간다움은 나 자신을 지키는 힘이기도 하다. 내 감정과 생각을 돌아보고, 내가 어떤 사람인지 이해할 때 비로소 내 삶을 온전히 살아갈 수 있다. 인간다움을 회복하는 일은 곧 나답게 살아가는 길과도 연결되어 있다.

  인문학적 사유는 거창한 철학책을 읽는 데서만 시작되지 않는다. 그것은 질문하는 태도에서 시작된다. 나 자신에게 묻는 것이다. "나는 왜 이 선택을 하는가?", "이 감정은 어디서 온 것인가?", "내가 진정으로 원하는 삶은 어떤 모습인가?"

  이런 질문은 일상의 작은 순간 속에서도 가능하다. 한 편의 소설을 읽으며 인물의 감정에 공감하는 순간, 한 장의 그림 앞에서 멈추어 서는 시간, 친구의 이야기를 끝까지 들어주는 마음, 그리고 나의 실수에 대해 솔직히 인정하고 반성하는 태도—이 모든 것이 인문학적 사유의 시작이다.

　우리는 완벽한 존재가 아니다. 실수하고 흔들리고 상처받기도 한다. 하지만 그 안에서도 인간다움은 빛을 발할 수 있다. 타인을 이해하려는 마음, 나 자신을 더 깊이 알고자 하는 의지, 그리고 세상과 조화롭게 살아가려는 태도는 모두 인문학에서 길어올린 인간의 가능성이다.

　인간다움은 타고나는 것이 아니라, 끊임없이 배우고 다듬어 가는 것이다. 인문학적 사유는 그 여정의 동반자이며, 우리를 더 좋은 사람으로, 더 깊은 인간으로 이끌어 주는 삶의 내비게이션이다.

　삶이 복잡하고 피곤하게 느껴질수록, "나는 어떤 사람이고, 어떻게 살아가고 싶은가"라는 질문을 잃지 말자. 그 물음 안에, 인간다움의 씨앗이 담겨 있다. 그리고 그 씨앗이 자라날 수 있도록 매일 조금씩 사유하고 성찰하는 일, 그것이야말로 진짜 사람답게 사는 길이다.

존재와 인간, 그 본질적 관계

존재에 대한 질문은 인간이 삶을 살아가는 데 있어 가장 근원적인 사유의 출발점이다. 우리는 누구이며, 왜 존재하고, 어떻게 살아야 하는지를 묻는 일은 단지 철학자들만의 특권이 아니라 우리 모두의 삶에 깊이 연결된 물음이다.

존재는 단순히 '있는 것'을 의미하지 않는다. 존재를 묻는다는 것은 자신의 삶을 성찰하고, 인간으로서 살아가는 방식과 의미를 고민하는 일이다.

고대 철학자들은 존재를 세계의 근원적인 원리로 이해하고자 했다. 파르메니데스는 존재는 하나이며 불변한다고 보았고, 헤라클레이토스는 모든 것은 끊임없이 변한다고 주장했다. 이 두 사상은 존재에 대한 상반된 관점을 보여주지만, 공통적으로 인간의 경험 너머에 있는 '실재'에 대한 탐구였다.

이후 플라톤은 이데아를 통해 존재의 본질은 감각적 세계 너머에 있다고 보았고, 아리스토텔레스는 현실 세계에서 형상과 질료의 결합을 통해 존재를 설명하였다.

중세에 이르러 존재는 신학적 관점에서 다뤄졌다. 아우구스티누스는 존재의 근원을 신의 창조에서 찾았고, 토마스 아퀴나스는 아리스토텔레스 철학을 바탕으로 신의 존재를 논리적으로 증명하려 했다. 이 시기 존재는 신의 질서 속에서 의미를 부여받았다.

근대 철학에서는 인간 주체가 중심이 되었다. 데카르트는 "나는 생각한다, 고로 존재한다"는 명제로 존재의 출발점을 자아의 사유에서 찾았고, 스피노자와 라이프니츠는 존재를 본질적 통일성이나 단일 요소의 복합성으로 설명하려 했다. 칸트는 인간 인식의 조건을 분석하며, 우리가 인식할 수 있는 존재와 그 너머의 '사물 자체'를 구별하였다.

현대에 이르러 존재는 더욱 실존적이고 경험적인 차원에서 논의되었다. 하이데거는 존재가 철학에서 잊혀졌다고 보며, 존재 자체에 대한 질문으로 철학이 다시 시작되어야 한다고 주장했다. 그는 인간을 '현존재(Dasein)'로 정의하고, 죽음을 자각하는 존새로서의 인간이야말로 존재의 의미를 남색할 수 있다고 보았다.

사르트르는 인간이 정해진 본질이나 목적을 가지고 태어나는 것이 아니라, 먼저 이 세상에 존재한 다음에 자신의 본질을 스스로 만들어 간다고 주장했다. 즉, 인간 존재의 의미는 하늘에서 주어지는 것이 아니라, '어떻게 살 것인가'를 실존적으로 선택하는 과정 속에서 형성된다고 보았다. 그에게 존재란 단순한 '살아 있음'이 아니라, 매 순간 스스로 의미를 만들어 가는 실존적 선택 그 자체였다.

메를로퐁티는 존재를 머리로 이해하는 것이 아니라, 몸을 통해 경험한다고 보았다. 그는 지각과 감각을 통해 존재가 드러난다고 보았고, 인간과 세계가 분리된 것이 아니라 상호작용하는 '살(flesh)'의 관계라고 설명했다. 그에게 존재는 사유의 결과뿐 아니라 몸의 경험 속에서도 형성된다는 입장이었다.

동양철학에서도 존재는 중요한 주제였다. 유교는 인간 존재를 도덕적 관계 속에서 이해하고, '인(仁)'과 '예(禮)'를 통해 인간다움을 실천하며 조화를 추구했다. 도가는 존재와 비존재의 흐름 속에서 자연에 순응하는 삶을 강조했다.

불교는 '무아(無我)'와 '공(空)'의 개념을 통해 고정된 자아나 실체적 존재는 없으며, 모든 것은 관계와 조건 속에서 생겨나고 사라진다고 보았다. 존재란 끊임없이 변화하는 삶 속에서 집착을 내려놓고 지금 이 순간을 살아가려는 태도에 의미가 있다고 설파하였다.

존재를 묻는 일은 단지 철학적인 호기심이 아니라, 인간으로서 더 나은 삶을 살고자 하는 근본적인 의지에서 비롯된다. 우리는 때때로 삶의 방향을 잃고 흔들리지만, 존재에 대한 질문은 우리를 다시 삶의 중심으로 데려다준다. 존재를 성찰하는 순간, 우리는 자신을 깊이 이해하고, 타인을 존중하며, 더 나은 방향으로 나아갈 수 있는 가능성을 얻게 된다.

따라서 존재와 인간은 서로를 떼어 놓고는 생각할 수 없는 밀접한 관계에 있다. 우리가 '존재란 무엇인가'라는 질문을 던질 때마다, 그것은 곧 '나는 어떤 인간으로 살아갈 것인가'라는 물음으로 이어진다.

그리고 그 질문에 진지하게 귀 기울일 때, 우리는 점점 더 진정한 인간다움—즉, 인간으로서 어떻게 살아가야 하는지에 대한 깊은 통찰—에 가까워지게 된다.

인문학이 삶에 미치는 영향

 인문학은 인간을 이해하고, 삶의 본질을 사유하며, 존재의 가치를 묻는 학문이다. 철학, 문학, 역사, 예술, 종교, 언어 등 다양한 분야를 아우르는 인문학은 단순한 지식의 축적을 넘어, 삶을 해석하고 인간다움을 성찰하는 정신적 활동이다.
 기술과 속도의 시대를 살아가는 현대인에게 인문학은 삶의 방향을 점검하고, 내면의 목소리를 듣게 해주는 중요한 도구가 된다.
 인문학은 인간에 대한 이해를 넓혀 준다. 인간의 감정, 욕망, 갈등, 가치, 윤리 등에 대해 질문하고 탐구함으로써, 우리는 타인을 단순한 존재가 아닌, 복잡하고 깊이 있는 존재로 바라볼 수 있게 된다.
 문학은 타인의 감정을 간접적으로 체험하게 하고, 철학은 타인의 사유를 통해 내 생각의 구조를 성찰하게 하며, 역사와 예술은 시대와 문화를 넘어 인간의 보편적인 고민과 경험에 닿게 한다. 이러한 통합적 이해는 우리에게 더 깊은 공감 능력과 인간적인 통찰을 안겨 준다.

또한 인문학은 자아를 성찰하는 힘을 길러 준다. 바쁜 일상 속에서 자신이 누구인지, 무엇을 원하는지조차 놓치고 살아가는 이들이 많다.

그러나 인문학적 질문은 우리를 잠시 멈추게 한다. "나는 왜 이 일을 하는가?", "지금 내가 바라는 삶은 무엇인가?", "나는 어떤 인간이 되고 싶은가?"와 같은 질문은 겉으로 드러나는 성공이나 타인의 평가보다 내면의 진실에 더 가까이 다가가게 한다. 인문학은 스스로를 돌아보게 하고, 자기 삶의 주도권을 되찾도록 돕는다.

인문학은 윤리적 감수성과 책임의식을 키워 준다. 과학기술이 아무리 발전해도, 그것을 어떻게 사용할지는 결국 인간의 선택에 달려 있다. 인문학은 그 선택의 근거를 마련해 준다.

생명윤리, 인공지능, 기후위기, 인간 존엄성 등 현대 사회가 마주한 복잡한 문제들을 판단할 때, 인문학적 성찰은 단기적인 이익이 아니라 장기적인 가치와 공동체의 신을 고려하도록 유도한다. 인간 중심의 사고는 윤리적 판단과 사회적 책임을 가능하게 만든다.

삶의 태도를 정립하는 데에도 인문학은 중요한 역할을 한다. 그것은 단순히 책에서 얻는 지식이나 정보에 그치지 않는다. 인문학은 우리가 세상을 바라보는 시선과 사람을 대하는 태도, 그리고 자신의 삶을 해석하는 방식을 근본적으로 바꾸는 힘을 가지고 있다.

인문학을 통해 우리는 왜 살아가는지, 어떻게 살아가야 하는지를 묻고, 그 질문을 통해 삶의 방향을 다시 세울 수 있다. 결국 인문학은 삶을 더 깊이 이해하고, 더 넓게 받아들이도록 돕는 지혜의 근원이다.

동서양의 고전은 인내, 겸손, 책임, 자유, 죽음에 대한 성찰, 관계의 중요성 등을 이야기하며, 우리가 어떤 자세로 삶을 대해야 하는지를 가르쳐 준다. 이러한 통찰은 고통의 순간에도 무너지지 않는 내면의 중심을 형성하는 데 도움이 된다. 인문학은 삶을 가볍게 소비하는 것이 아니라, 깊이 음미하고 존중하는 태도를 갖게 한다.

더 나아가 인문학은 창의력과 비판적 사고를 함께 길러 준다. 단순히 주어진 정보를 받아들이는 것이 아니라, 그것을 질문하고 해석하며 새로운 시각으로 바라보게 만든다. 이는 직업적 전문성과도 밀접하게 연관된다.

기술이나 정보는 빠르게 변화하지만, 본질을 꿰뚫는 능력과 복합적인 사고력은 어떤 시대에도 필요한 역량이다. 인문학은 단기적인 실용성은 떨어질 수 있지만, 장기적으로는 삶을 지탱하는 지적 기반이 된다.

결국 인문학은 삶의 무게를 감당할 수 있는 깊이를 만들어 준다. 슬픔, 상실, 갈등, 외로움 같은 감정은 누구에게나 찾아온다. 그럴 때 인문학은 하나의 위로이자 안내서가 된다.

고전 속 인물의 고뇌에서 나 자신의 그림자를 발견하고, 철학자의 문장에서 삶의 실마리를 찾기도 한다. 인문학은 완벽한 답을 제시하지는 않지만, 그 질문을 품고 살아가는 용기를 준다. 인문학은 우리 삶의 지도를 그린다. 그 지도는 정답을 알려 주기보다는, 더 나은 방향으로 나아갈 수 있는 나침반이 되어 준다.

인문학은 결국 우리가 삶을 어떻게 살아야 할지를 스스로에게 묻고, 그 해답을 찾아가는 여정이다. 그것은 인간으로서의 존엄과 가치를 지키고, 타인과의 관계 속에서 조화롭게 살아가는 법을 배우는 과정이기도 하다.

인문학은 단순히 지식을 쌓는 것이 아니라, 자신을 돌아보고 삶의 의미를 되새기며, 흔들리는 순간에도 중심을 잃지 않도록 내면을 단단히 세워 가는 길이다.

바로 그렇기 때문에 인문학은 삶을 더 인간답게, 더 따뜻하고, 더 깊이 있는 방향으로 이끌어 준다. 이것이야말로 인문학이 우리 삶에 미치는 가장 근본적이고도 소중한 영향이다.

타인과 더불어 살아가는 '존재'의 의미

   인간은 누구나 개인으로 태어나지만, 존재의 의미는 타인과의 관계 속에서 비로소 드러난다. 우리는 혼자 살아가는 것처럼 보이지만, 사실은 수많은 타인의 시선과 말, 행동을 거치며 자신을 인식하고 규명하며 살아간다.

   사르트르는 "타인은 나의 지옥이다(Hell is other people.)"라는 말로 타자의 시선이 인간에게 미치는 심리적 억압을 드러냈다. 그러나 이 말 속에는 역설적으로 인간 존재의 본질이 숨어 있다. 타인은 불편하고 때로는 나를 구속하는 존재지만, 동시에 나를 나답게 하는 거울이기도 하다.

   그에 따르면, 인간은 타인의 시선을 통해 객체화된다. 내가 혼자 있을 때는 자유롭지만, 누군가가 나를 바라보는 순간 나는 더 이상 '나'로 머물 수 없다.

타인의 시선은 나를 낯설게 만들고, 나를 규정하려 든다. 하지만 그 시선 없이는 나는 나를 완전히 이해할 수 없다. 존재는 결국 관계의 그물망 속에서 드러나며, 타인의 반응을 통해 나는 스스로를 다시 바라보게 된다.

레비나스(Emmanuel Levinas)는 사르트르와는 다른 방향에서 타인의 의미를 조명한다. 그는 타인을 해석하거나 정의의 대상으로 보지 않고, 그 자체로 윤리적 요청을 품은 존재로 이해한다. 그는 타인의 얼굴이 말없이 요구하는 책임감, 즉 "나를 해치지 마라.(Do not harm me.)"는 비언어적 요청을 인간 존재의 출발점으로 삼았다.

우리는 타인의 얼굴 앞에서 설명이 아니라 응답으로 존재하게 된다. 그런 의미에서 타인은 두려운 타자가 아니라, 나의 윤리적 주체성을 일깨우는 역할을 한다.

이러한 철학적 통찰은 우리의 일상과도 깊게 맞닿아 있다. 누군가의 고통을 외면하지 못할 때, 낯선 이의 슬픔에 이유 없이 마음이 저릴 때, 우리는 이미 그 타자의 존재에 응답하고 있는 것이다.

인간은 본질적으로 자신을 닫아둘 수 없는 존재다. 우리는 타인을 통해 상처받기도 하시만, 그 상처 속에서 성숙해시고 이해의 폭을 넓혀 간다.

부버(Martin Buber)는 인간 존재를 '나-너'의 관계로 설명했다.

그는 우리가 세상과 맺는 관계를 두 가지로 나누었다. 하나는 '나-그것'의 관계로, 사물처럼 타인을 수단이나 기능으로 여기는 방식이다. 다른 하나는 '나-너'의 관계로, 타인을 하나의 전인격적 존재로 마주하는 깊은 만남이다.

우리가 누군가를 있는 그대로의 존재로 존중하고 응시할 때, 그 순간 인간 존재는 일시적이나마 완전해진다. 타인은 나와 함께 존재하는 '너'이며, 그 순간 세계는 닫힌 구조가 아니라 열려 있는 공간이 된다.

함께 살아간다는 것은 단순히 물리적 공간을 공유하는 것을 넘어, 서로의 고통에 응답하고, 때로는 자신의 입장을 내려놓는 일이다. 이는 쉬운 일이 아니다. 인간관계는 종종 오해, 침묵, 갈등, 그리고 고통을 동반한다.

그러나 그 모든 불완전함 속에서도 우리는 여전히 누군가와 연결되기를 원하고, 그 연결을 통해 자아를 정립하며 삶을 이어 간다.

결국 인간이란, 타자에게 닫히지 않는 존재다. 우리는 타인 앞에서 변화하고, 타인을 통해 자신을 확인하며, 타인의 말 없는 응시 속에서 책임을 느낀다.

존재란 고립된 섬이 아니라 타자와의 만남을 통해 구성되는 열린 세계이며, '나'는 언제나 '너'를 통해 존재한다. 그렇기에 인간은 혼자서는 완성될 수 없는 존재다. 우리는 서로의 거울이자 책임이며, 함께 살아가는 존재로서 의미를 갖는다.

3장

현대인의 존재 위기

정보 홍수 속에서 길을 잃다

우리는 지금, 인류 역사상 가장 많은 정보를 가진 시대를 살고 있다. 스마트폰 하나만으로 전 세계 뉴스, 수백만 권의 책, 수많은 사람의 의견에 즉각 접근할 수 있다.

하루에도 수십, 수백 개의 콘텐츠가 눈앞을 스쳐 지나가며, 어떤 주제든 검색창에 단어 몇 개만 입력하면 순식간에 결과가 쏟아진다.

문제는 정보가 부족한 것이 아니라, 넘쳐나고 있다는 것이다. 우리는 더 이상 '모르기 때문에' 길을 잃지 않는다. 오히려 '너무 많이 알고 있어서' 길을 잃는다.

정보가 풍부해지면 선택이 쉬워질 것처럼 보였지만, 현실은 정반대다. 선택지는 무한히 늘어났고, 그만큼 선택은 더 어려워졌다.

어떤 정보가 정확한지, 어떤 의견이 신뢰할 만한지, 누구의 말에 귀를 기울여야 할지 판단하는 일은 갈수록 혼란스럽다. 많이 알수록, 오히려 '내가 무엇을 믿는가'는 더 모호해진다. 정보가 쌓일수록 지식은 가벼워지고, 이해는 얕아진다.

사회학자 바우만(Zygmunt Bauman)은 현대사회를 '액체 사회(Liquid Modernity)'라 불렀다. 모든 것이 빠르게 흘러가고, 어떤 것도 단단히 자리를 잡지 못한 채 끊임없이 변화한다. 정보 역시 마찬가지다.

오늘의 '진실'은 내일이면 가짜 뉴스가 되고, 어제의 충격적인 사실은 하루도 지나지 않아 잊힌다. 속도는 진실을 앞질렀고, 정보는 진리를 대체해 버렸다.

우리는 더 이상 진짜를 찾기 위해 정보를 탐색하는 것이 아니라, 정보에 휩쓸려 진짜를 잃어버리는 시대를 살고 있다.

정보의 범람은 인간관계에도 영향을 미친다. 타인의 생각을 직접 듣기보다는, 그 사람이 공유한 링크나 누른 '좋아요'를 통해 해석한다. 사람을 만나 대화하기보다 간단한 이모티콘과 댓글로 반응하며, 그 속에서 오해와 추측이 쌓인다.

우리는 겉보기에는 서로 연결되어 있지만, 실상은 각자의 스크린 뒤에서 고립되어 있다. 정보는 많아졌지만, 이해는 줄어들었고, 대화는 얕아졌다.

철학자 한병철은 『피로사회』에서 현대인의 내면이 정보의 과잉으로 인해 고요를 잃어버렸다고 지적한다. 우리는 깊이 생각하기보다는 빠르게 반응하고, 천천히 이해하기보다는 즉시 판단하려 한다.

알고 있다는 착각은 진정한 앎을 방해하고, 정보의 반복은 사유를 마비시킨다. 결국 우리는 생각하지 않기 위해 정보를 검색하고, 느끼지 않기 위해 화면을 바라본다. 그 결과, 타인뿐 아니라 자기 자신에게서도 점점 멀어지고 있다.

그렇다면 우리는 어디서부터 다시 길을 찾아야 할까. 첫걸음은 멈추는 것이다. 정보를 소비하는 속도를 늦추고, 그중 무엇이 나에게 진정한 의미가 되는지를 물어야 한다.

모든 것을 알 필요는 없다. 중요한 것은 어떤 정보를 선택하고, 어떻게 받아들이느냐는 태도다.

정보를 다루는 방식이 곧 나의 사고를, 나의 삶을 결정짓는다. 타인의 의견에 이리저리 흔들리는 대신, 내면의 목소리에 귀 기울이는 연습이 필요하다.

무엇보다 중요한 것은 지식이 아니라 지혜다. 지식은 외부에서 얻을 수 있지만, 지혜는 내면에서 길러야 한다. 지식은 전달될 수 있지만, 지혜는 삶을 통해 체화되어야 한다.

정보의 바다에서 길을 잃지 않으려면, 그냥 아는 데서 멈추시 말고, 그 정보를 어떻게 내 삶에 적용하고 살아갈지를 스스로 물어야 한다. 정보를 비워내고, 침묵을 받아들이며, 깊이 생각하는 사람만이 스스로의 길을 찾을 수 있다.

결국 문제는 정보 그 자체가 아니라, 그것을 대하는 나의 태도다. 정보를 통제할 줄 아는 사람은 그 안에서 방향을 잡지만, 휘둘리는 사람은 길을 잃는다.

우리는 다시 질문을 회복해야 한다. 무엇이 중요한가? 무엇을 믿는가? 무엇을 향해 나아가고 있는가? 이 질문들이야말로, 정보의 바다에서 방향을 잃지 않도록 지켜주는 내면의 나침반이다.

빠른 속도가 가져오는
내면의 혼란

현대 사회는 속도를 숭배한다. 빠른 것은 곧 효율이고, 즉각적인 반응은 능력으로 여겨지며, 느림은 낙오처럼 취급된다. 클릭 한 번이면 물건이 도착하고, 알림은 실시간으로 감정을 흔든다.

우리는 언제나 무엇인가를 향해 달리고 있으며, 잠시 멈추는 순간조차 불안함을 느낀다.

그러나 속도의 문제는 단순히 이동이나 기술의 발전에 그치지 않는다. 빠른 속도는 점점 더 깊숙이 우리의 내면에 침투하고, 존재의 감각 자체를 흔들고 있다.

처음엔 모든 것이 편리해지는 듯했다. 빠른 교통, 즉시 전달되는 정보, 실시간 소통은 삶의 질을 높여주는 도구처럼 보였다. 하지만 곧 그 편리함은 기준이 되었고, 나아가 강박이 되었다.

우리는 더 빨리 반응하고, 더 빠르게 성장하며, 즉시 결정을 내려야 한다고 느낀다. 속도에 쫓기다 보면 자신의 내면 리듬은 점점 무시되고, 느림과 기다림, 여유로움의 가치는 점차 사라진다.

철학자 한병철은 『피로사회』에서 '긍정성의 폭력'이라는 개념을 말한다. 끊임없이 연결되고, 언제나 반응하며, 멈추지 않고 달려야 하는 사회는 결국 개인이 스스로를 착취하게 만든다. 속도를 따라가지 못하는 자신을 자책하고, 쉬고 싶은 욕망을 죄책감으로 덮는다.

이른바 '내면의 혼란'은 단순한 심리적 불안이 아니라, 속도 중심 사회가 만들어낸 구조적 피로감이다.

속도는 사유의 깊이를 얕게 만든다. 깊이 있는 생각은 본래 시간이 필요하다. 질문하고 되짚고, 의심하며 고요히 바라보는 과정 속에서 진정한 사유가 태어난다.

그러나 우리는 생각하기 전에 판단하고, 느끼기 전에 반응하며, 이해하기도 전에 화면을 넘긴다. 요약본만 읽고, 자극적인 제목만으로 결론을 내리며, 짧고 빠른 정보에 익숙해진다. 이러한 속도는 표면적인 앎은 늘리지만, 내면의 통찰과 공감은 가로막는다.

인간관계 역시 예외는 아니다. 우리는 빠르게 친해지고, 빠르게 멀어진다. 메시지가 몇 분 늦게 오면 불안을 느끼고, 답장이 없으면 거리감을 의심한다.

깊은 대화와 신뢰는 번거롭고 낯설게 느껴지며, 관계는 깊이보다 속도에 따라 움직인다. 속도는 연결을 확대하지만, 진정한 친밀감은 지워버린다.

무엇보다 빠른 속도는 자기 자신과의 관계마저 흐릿하게 만든다. 자신의 감정이 어디서 비롯되었는지 돌아볼 틈도 없이 반응하고, 결정을 내린 뒤에야 그것이 진심이었는지를 되묻게 된다.

삶의 방향을 숙고하기보다는, 지금 당장의 속도에 적응하는 데 몰두하게 된다. 자기 자신을 돌보는 일조차 일정표에 넣어야 할 만큼, 우리는 내면을 잃은 채 지쳐 있다.

이러한 혼란을 극복하기 위해 필요한 것은 단순히 속도를 줄이는 일이 아니다. 속도에 대한 가치 판단 자체를 바꿔야 한다. 빠른 것이 늘 옳은 것은 아니며, 즉각적인 반응이 언제나 진실하지도 않다.

우리는 다시금 느림의 가치를 회복해야 한다. 잠시 멈춰 생각하는 용기, 기다림을 감내하는 인내, 깊은 감정에 머무는 여유—이 모든 것들이 비효율로 보일지라도, 그것이야말로 삶의 균형을 되찾는 길이다.

하이데거는 "존재는 사유를 통해 드러난다"고 했다. 하지만 사유는 시간이 필요하다. 존재를 이해하고 삶을 받아들이기 위해서는 멈춤이 필요하다.

다시 말해, 삶의 의미는 서둘러 얻을 수 없다. 그것은 천천히,

조용히, 반복해서 자신에게 묻는 과정 속에서만 형성된다.

  속도가 전부가 된 시대에서, 멈추는 일은 가장 용기 있는 선택이 된다. 더 늦게 반응하고, 더 느리게 관계를 맺으며, 더 오래 고민하는 사람이 오히려 자기 삶을 주체적으로 살아간다. 내면의 혼란은 바깥의 속도를 무작정 따라가려는 욕망에서 비롯된다.

  이제는 그 흐름에서 벗어나야 한다. 세상이 아무리 빨라도, 나는 느려도 된다. 그 느림 속에서야말로 우리는 진짜 자신을 다시 만날 수 있다.

사회적 기준과
타인의 시선에 갇히는 나

우리는 끊임없이 보여진다. 출근길 옷차림, 온라인 프로필, 누군가의 시선 앞에서의 표정과 말투까지, 삶의 많은 부분이 타인의 눈 안에 존재한다.

어린 시절에는 부모의 기대에, 청소년기에는 또래의 평가에, 성인이 되어서는 사회의 기준에 맞춰 자신을 조율하며 살아가고 있다.

때로는 그 기대를 충족시킬 때 사랑받고 인정받을 수 있다는 믿음이 우리를 움직인다. 그렇게 우리는 '내가 누구인가'보다 '남들이 나를 어떻게 볼까'를 더 자주 고민하게 된다.

사회는 수많은 기준을 만들어 낸다. 이상적인 외모, 안정적인 직업, 적절한 소득, 바람직한 관계, 모범적인 태도와 같은 기준들은 언뜻 객관적이고 합리적으로 보이지만, 실제로는 시대와 환경에 따라 끊임없이 변화하며, 특정 계층의 시선에 의해 형성되기도 한다.

문제는 그 기준들이 외부에 머무는 것이 아니라, 어느 순간 나의 욕망인 듯 내면에 스며든다는 점이다. 타인의 잣대가 내 안에서 나를 판단하게 되는 것이다. 나는 '무엇을 원하는가'보다 '무엇을 원해야 하는가'를 먼저 고민하게 된다.

철학자 푸코(Michel Foucault)는 현대 사회를 '감시의 사회(Surveillance Society)'로 묘사했다. 사람들은 더 이상 감옥처럼 폐쇄된 공간이 아니라, 어디서든 감시당하는 열린 공간속에서 살아간다.

감시는 외부의 강제가 아니라, 내면화된 시선으로 작동한다. 우리는 누가 보지 않아도 '누군가가 보고 있을 것'이라 상상하며, 스스로를 조율하고 검열한다. 자발적인 감시, 그것이야말로 가장 은밀한 억압의 형태다.

이러한 구조 속에서, 자아는 점차 흐려진다. 사람들은 타인의 기대에 따라 행동하고, 외부의 기준에 맞는 삶을 '정상적'이라 여기며 살아간다. 때로는 전혀 원하지 않았던 길조차 '옳은 길'이라 믿으며 걷는다.

자아는 타인의 기준에 의해 설계되고, 삶은 누군가의 평가를 기다리는 시간이 되어 버린다. 그 결과 사람들은 끊임없는 비교와 불안 속에서 자신을 잃는다.

'나는 누구인가'라는 물음은 어느새 '나는 괜찮은 사람인가'라는 자기 평가로 바뀌어 버린다.

타인의 시선은 완전히 배제할 수 없다. 우리는 관계 안에서 살아가며, 사회적 존재로서 상호작용 속에 정체성을 형성한다. 문제는 그 시선이 나를 이끌기보다 지배할 때 발생한다. 누군가의 인정을 받기 위해 사는 삶은, 결국 그 사람의 기준에 내 삶을 맡기는 것이다. 칭찬에 의존하고, 비난에 무너지는 순간, '나로서의 삶'은 '남의 기대를 수행하는 삶'으로 바뀌게 된다.

그러나 문제는 타인의 시선 그 자체가 아니다. 그 시선을 내 안에 받아들이는 나의 태도가 더 중요하다.

우리는 왜 그토록 인정받고 싶어 하는가? 왜 남들과 다르면 불안한가? 이 질문을 외면한 채 살아간다면, 우리는 끝없이 외부의 기준 속에서 자신을 증명하려 애쓰게 된다. 그것은 자유로운 삶이 아니라, 보이지 않는 감옥에 갇힌 삶이다.

그렇다면 이 감시의 구조를 어떻게 넘을 수 있을까? 첫째는 자각이다. 지금 내가 따르고 있는 가치나 욕망이 정말 내 안에서 비롯된 것인지, 아니면 외부에서 주입된 것인지를 성찰해야 한다.

둘째는 느림과 고요함이다. 반응하고 조율하느라 바빴던 마음을 잠시 멈추고, 나의 진짜 감정과 욕망을 듣는 시간이 필요하다.

셋째는 실천과 연습이다. 완전히 자유로워지지는 못하더라도, 남들과 다른 선택을 해보는 작은 시도, 싫다고 말하는 용기, 나를 먼저 챙기는 태도가 그 시작이 될 수 있다.

실존주의 철학자 사르트르는 "타인은 나의 지옥"이라고 말했다. 이는 단순히 타인을 불편하게 여긴다는 말이 아니다. 타인의 시선에 나 자신을 온전히 맡겨 버릴 때, 그 시선이 나의 존재를 규정하고 통제하는 순간, 우리는 진정한 자유를 잃는다.

반대로, 우리가 타인을 불편하게 하거나 괴롭게 만들지 않으려면, 그 사람을 바라보는 시선에 조심스러움이 필요하다. 아무리 가까운 사이라도 지나친 간섭이나 판단은 상대에게 부담이 될 수 있다.

그러므로 적절한 거리와 경계를 지키며 타인의 삶을 존중하는 태도가 중요하다. 그렇게 할 때, 우리는 서로를 억압하지 않고 각자의 공간에서 자유롭게 숨 쉴 수 있다.

우리는 사회 속에서 살아간다. 완전히 타인의 기준에서 벗어날 수는 없다. 하지만 그 안에서도 나답게 살아가는 일은 가능하다.

타인의 기대에 끌려가지 않으면서도 함께 살아갈 수 있는 길을 찾는 것, 바로 그 균형을 향한 사유와 실천이 지금 우리에게 주어진 중요한 과제다. 우리는 타인의 기대나 시선을 의식하며 살아가기 쉽다. 그러나 진정한 삶은 누군가에게 잘 보이기 위한 삶이 아니라, 자신이 진심으로 받아들일 수 있는 삶을 선택하고 살아가는 과정에서 시작된다.

남들의 기준에 맞추어 살다 보면, 어느 순간 내가 진정으로 원하는 것이 무엇인지조차 잊게 될 수 있다. 그렇기에 진정 중요한 것은 타인이 아닌 나 자신에게 솔직해지는 일이다.

내가 내 삶의 이유를 알고, 내 선택에 책임질 수 있을 때, 비로소 우리는 잃어버렸던 자아를 회복하고 자신만의 길을 걸어갈 수 있다. 그렇게 자신에게 충실하게 살아가는 용기야말로 진정한 자유이며, 성숙한 삶의 출발점이 된다.

비교와 경쟁 속에서
소멸되는 주체성

현대 사회는 사람들이 서로를 끊임없이 비교하고, 더 나아지기 위해 경쟁하는 구조 위에 만들어져 있다. 우리는 태어날 때부터 타인과 끊임없이 비교당하며 자란다.

학업 성취도, 외모, 성격, 소득, 심지어 SNS 팔로워 수까지 비교하지 않는 영역을 찾기 힘들다.

경쟁은 더 이상 일시적인 상태가 아니라 일상이 되었고, 비교는 성찰의 도구라기보다 존재에 대한 불안으로 작용한다. 이 과정에서 우리는 점차 '나 자신'으로 살아가기보다는, 남보다 나은 무언가가 되려는 존재로 변해간다. 그 결과, 주체성은 점점 사라지고 자존감은 쉽게 무너진다.

비교는 인간이 타인과 함께 어울려 살아가기 위해 자연스럽게 발달해 온 능력일 수 있다. 우리는 다른 사람의 생각이나 행동을 관찰하고, 그것과 자신을 비교함으로써 배우며 성장해 왔다.

따라서 비교는 반드시 부정적인 것이 아니라, 사회 속에서 조화를 이루며 살아가기 위한 본능적인 방법일 수도 있다.

그러나 그것이 경쟁 구조 속에서 과도하게 강화될 때, 비교는 자신을 평가절하하고 타인을 경계하게 만드는 독으로 작용한다.

남보다 잘해야 살아남을 수 있다는 믿음은 끊임없는 불안과 초조를 낳고, 결국 '나답게' 존재할 여유를 앗아간다. 우리는 점점 더 자신이 진정으로 원하는 삶이 무엇인지 알지 못한 채, 사회가 요구하는 기준에 자신을 끼워 맞추기 시작한다.

에리히 프롬은 『자유로부터의 도피』에서 현대인은 진정한 자아로 살아가는 것을 두려워한다고 말한다. 자신이 누구인지, 어떤 삶을 원하는지를 스스로 선택하고 책임지는 일이 어렵기 때문에, 많은 사람은 외부의 기준이나 사회의 기대에 자신을 맞추려 한다.

다시 말해, 타인의 시선이나 집단의 규범 속에 자신을 의탁함으로써 일시적인 안정감을 얻지만, 그 대가로 자기 자신을 잃어버리는 것이다. 그는 이러한 현상을 통해 현대 사회에서 인간이 자유를 얻고도 오히려 그 자유를 감당하지 못해 도피하게 되는 아이러니를 지적한다.

'자신이 되고자 하는 용기'보다 '누군가가 원하는 모습'이 되는 안락함을 택하는 것이다. 이로 인해 사람들은 타인의 시선을 거울 삼아 살아가며, 비교 우위 속에서만 존재의 가치를 증명하려 한다.

그러나 그런 비교는 결코 끝나지 않는다. 사람들은 더 나은 외모를 원하고, 더 높은 연봉을 추구하며, 더 많은 인맥과 더 똑똑한 자녀를 바라게 된다.

이러한 욕망은 끊임없이 새로운 기준을 만들어 내고, 만족은 잠깐일 뿐 곧 사라진다. 결국 삶은 지속적인 결핍감 속에 놓이게 되고, 우리는 늘 '무언가 부족한 상태'에서 살아가게 된다.

경쟁은 경제 영역에만 머물지 않는다. 인간관계, 여가, 심지어 휴식조차도 경쟁의 대상이 된다. 누가 더 '힐링'을 잘하고, 누가 더 여유로워 보이는가까지 비교된다.

SNS는 이 비교와 경쟁의 무대를 더욱 선명히 시각화하며, 나의 존재는 끊임없이 타인의 삶과 비교되는 전시품이 된다.

우리는 현실의 나보다 잘 꾸며진 '이미지의 나'를 더 중요하게 여기고, 결국 타인의 시선을 기준으로 자기 존재를 판단하는 구조에 갇히게 된다.

이처럼 비교 중심의 삶은 주체성을 위협한다. 주체성이란 외부의 기준이 아닌, 자신의 내면에서 삶의 방향을 정하고 선택하며 책임지는 힘이다.

그러나 비교는 그 방향을 흔들리게 하고, 경쟁은 내가 무엇을 원하는지보다 무엇을 이겨야 하는지를 중심에 두게 만든다. 삶의 기준이 외부에 고정될수록, 주체는 점점 자기 삶의 중심을 잃게 된다.

비교와 경쟁이 주체성을 소멸시키는 또 다른 이유는, 나와 타인의 관계를 수직적으로 만든다는 점이다. 타인은 함께 살아가는 존재가 아니라, 이겨야 할 상대가 된다.

협력과 공감은 약화되고, 질투와 열등감, 불안이 인간관계를 지배한다. 타인의 성취는 나의 실패처럼 느껴지고, 나의 행복은 남의 기준에 의해 초라해진다. 이러한 구조는 결국 공동체의 해체와 고립된 개인의 등장을 초래한다.

이 악순환을 끊기 위해서는 먼저 비교의 기준을 외부에서 내부로 옮겨야 한다. "나는 어제의 나보다 나아졌는가?"라는 질문은 "나는 다른 사람보다 나은가?"라는 질문보다 훨씬 주체적이다.

경쟁에서 이기기 위해 사는 것이 아니라, 자기 삶의 방향을 스스로 결정하고 살아가는 태도가 주체성을 회복하는 출발점이다.

또한 실패를 받아들이는 힘도 중요하다. 경쟁은 성공만을 긍정한다. 그러나 주체적인 삶은 실패 속에서도 자신의 목소리를 잃지 않는 용기다.

타인과의 비교에서 벗어나 자기 삶의 서사를 주도적으로 써 내려가는 사람은, 승패보다 '의미'를 우선한다. 그 의미는 외부로부터 주어지지 않는다. 오직 자신만이 그것을 발견하고 확신할 수 있다.

무엇보다도, 주체성은 관계 속에서 살아난다. 비교는 타인을 경쟁자로 만들지만, 주체적인 사람은 타인을 동료로 인식한다.

공감하고 협력하며 함께 살아가는 삶은, 비교 없는 연대 속에서 더욱 단단해진다. 타인을 통해 나를 발견하되, 타인의 시선에 나를 잃지 않는 것이 바로 진정한 주체성이다.

우리는 끊임없이 '더 나은 나'를 향해 달린다. 그러나 그 끝에는 누구도 만족시킬 수 없는 기준만이 기다리고 있을 뿐이다. 이제는 멈춰서 물어야 한다.

나는 누구보다 나은 사람이 되기보다, 나 자신으로 살 수 있는 사람인가? 그 질문을 시작으로, 우리는 비교의 굴레에서 벗어나 주체적인 존재로 거듭날 수 있다.

존재의 목소리가
작아지는 현실

오늘날 우리는 말과 정보가 넘쳐나는 세상에 살고 있다. 스마트폰의 알림은 끊임없이 울리고, SNS와 뉴스는 하루 종일 새로운 말들을 쏟아낸다. 표현은 더 자유로워졌으며, 소통의 도구 또한 한층 정교해졌다.

그러나 그 속에서 정작 자기 자신을 담은 진짜 목소리는 점점 작아지고 있다. 타인의 말에 묻히고, 유행에 따라 말하며, 자신만의 생각과 감정을 솔직히 드러내는 일은 점점 더 어려워지고 있다.

이 현상은 단순히 말이 줄어들었다는 뜻이 아니다. 그것은 자기 존재를 기준으로 말하지 못하게 되는 문제, 곧 내면에서 우러나오는 진실한 언어를 상실하고 있다는 뜻이다.

사회는 속도와 효율을 요구한다. 빠르고 명확하게 말하는 사람이 유능하다고 여겨지고, 모호하고 조심스러운 표현은 불편하게 받아들여진다.

오늘날 우리는 감정의 복잡성과 진심보다는 명확하고 빠른 입장 표명을 더 중요하게 여기는 사회 속에 살고 있다. 사람들은 자신이 느끼는 미묘한 감정보다 주변의 기대에 맞춘 분명한 태도를 요구받는다.

그 결과, 점점 더 솔직하게 자신을 표현하는 말하기에서 멀어지고, 대신 누군가가 원하거나 상황에 적합한 말만을 하게 된다. 이렇게 우리는 자신만의 언어를 서서히 잃어가고 있다.

프롬은 인간이 '존재'보다는 '소유'에 몰두할 때, 자신을 잃게 된다고 말했다. 오늘날 우리는 자신이 어떤 사람인지보다는, 무엇을 가졌는지와 어떻게 보이는지를 더 중요하게 여긴다.

타인의 기준과 외부의 시선에 맞추다 보면, 내면의 목소리는 점차 사라지고, 대신 사회가 요구하는 말들만 반복하게 된다.

그렇다면 우리는 어떻게 이 침묵에서 벗어날 수 있을까? 우선, 자기 안의 소리에 귀 기울이는 시간이 필요하다. 바깥의 소음을 끄고, 자신의 감정과 생각을 조용히 들여다보는 시간이다. 진정한 존재의 목소리는 말이 아니라 침묵 속에서 피어난다.

또한 잘 말하려 하기보다, 진실하게 말하려는 태도가 필요하다. 남에게 잘 보이려 하기보다, 나에게 정직해지려는 마음이 중요하다. 유창한 말보다 솔직한 말, 화려한 말보다 나다운 말이 존재를 드러낸다.

　무엇보다 중요한 것은, 서로의 목소리를 진심으로 들어주는 관계를 회복하는 일이다. 누군가의 내면을 진심으로 들어주는 순간, 그는 자신의 존재감을 되찾게 된다. 그렇게 우리는 서로를 통해 각자의 목소리를 되살릴 수 있다.

　말은 넘쳐나지만 존재는 점점 침묵하는 시대에 우리는 살아가고 있다. 사람들은 말의 소란 속에서 오히려 '말하지 못함'에 시달린다. 그렇기 때문에 이러한 시대일수록 더욱 절실하게 던져야 할 질문이 있다.

　"나는 지금, 내 목소리로 말하고 있는가?"

　이 질문을 놓치지 않을 때, 우리는 다시 존재하는 법을 배우게 될 것이다.

4장

존재의 목소리 되찾기

자기 질문의 힘:
"나는 누구인가?"

우리는 살아가면서 수많은 질문을 마주한다. 오늘 무엇을 먹을지, 어떤 옷을 입을지, 앞으로 무슨 일을 할지. 그러나 이런 질문들 너머에, 좀처럼 입 밖으로 꺼내지 않는 질문이 있다.

"나는 누구인가?"라는 물음이다. 단순하면서도 근본적인 이 질문은, 인류가 철학을 시작한 지점이며, 각자가 삶을 온전히 살아가기 위해 반드시 거쳐야 할 내면의 문턱이다.

이 질문은 단지 철학자들의 몫이 아니다. 그것은 우리가 자기 자신과 연결되기 위해 던지는 존재의 시작점이다. 현대 사회는 끊임없는 비교와 정보, 경쟁과 속도 속에서 나 자신을 잊게 만든다.

우리는 타인의 기대, 사회의 기준에 맞춰 살다 보면 어느 순간 스스로가 낯설어진다. 바로 그때 삶이 표류하고 있다는 신호로서 이 질문이 다시 떠오른다.

프롬은 『자유로부터의 도피』에서 인간이 진정한 자아로 살아가기보다 외부의 권위에 순응하며 살아가는 경향을 지적한다. 그는 인간이 자신을 외면하는 이유를 두려움과 불안에서 찾는다. 자기 자신을 정면으로 바라보는 일은 때로 고통스럽다. 그럼에도 불구하고 이 질문을 회피하는 한, 우리는 진짜 삶을 살 수 없다.

현대는 정답을 너무 빨리 말하는 사회다. 인터넷 검색창에 몇 글자만 입력하면 수많은 '정답'이 주어진다. 우리는 빠르게 정보를 얻고, 판단하고, 결정한다. 그 과정에서 질문은 종종 사라진다.

질문 없이 정답만을 좇는 삶은 피상적일 수밖에 없다. 자신에 대한 질문을 멈춘 사람은 타인의 기준으로만 살아가게 된다. 그렇게 되면 '내가 누구인지'보다 '내가 무엇처럼 보이는가'가 더 중요해진다.

철학자 한병철은 『피로사회』에서 현대인이 자신을 마치 하나의 '프로젝트'처럼 다룬다고 말한다. 다시 말해, 사람들은 자신을 끊임없이 개선하고 성과를 내야 할 대상으로 여기며, 항상 더 나은 모습이 되어야 한다는 압박 속에서 살아간다. 자신을 사랑하고 돌보기보다는 스스로를 관리하고 성과를 측정하며, 마치 외부의 평가를 받아야 하는 과제처럼 살아가는 것이다. 이런 삶의 방식은 겉보기에는 능동적이고 열정적으로 보일 수 있지만, 실제로는 자기 자신과의 끝없는 경쟁이며, 결국 심리적 피로와 소진으로 이어지게 된다.

더 나은 '스펙'을 쌓고, 더 나은 이미지를 만들어내는 데 몰두한 결과, 자아는 점점 피로해진다. 질문 없는 삶은 효율적일 수는 있어도, 그만큼 의미는 희미해진다.

"나는 누구인가?"라는 물음은 정답이 있는 질문이 아니다. 그것은 하나의 탐색이며 과정이다. 인간은 고정된 존재가 아니라 끊임없이 변화하고 성장하는 존재다. 그렇기에 이 질문은 한 번 던진다고 끝나지 않는다.

때로는 삶의 어느 시점에서 그 답이 달라지기도 한다. 청년기에 던진 "나는 누구인가?"라는 질문은 주로 앞으로 어떤 삶을 살고 싶은지, 어떤 사람이 되고 싶은지를 고민하는 데서 비롯된다. 이 시기의 자아 탐색은 가능성과 미래에 대한 기대를 담고 있다.

반면, 중년에 다시 묻는 "나는 누구인가?"는 지금까지 걸어온 삶의 방향과 선택을 돌아보며, 진정한 자신이 누구였는지를 되짚어보는 질문이다.

같은 말이지만, 청년기의 질문이 '앞을 향한 탐색'이라면, 중년기의 질문은 '지나온 삶에 대한 성찰'이다. 표현은 같지만, 담긴 의미와 무게는 전혀 다르다.

이러한 자기 질문은 단지 철학적인 명상이 아니라, 구체적인 삶의 실천과 연결된다. 내가 지금 하고 있는 일이 내 삶과 연결되어 있는지, 나의 관계 속에서 나는 진정한 나로 존재하고 있는지를 점검하게 한다. 질문은 내 삶을 성찰하게 하고, 그 성찰은 삶의 방향을 다시 세우는 힘이 된다.

질문할 수 있다는 것은 살아 있다는 증거다. 질문은 우리를 깨어 있게 한다. 습관처럼 흘러가는 일상 속에서도 "나는 지금 이 삶에 동의하는가?", "나는 어떤 사람이 되고 싶은가?"와 같은 물음을 던지는 순간, 우리는 더 이상 흐름에 떠밀리는 존재가 아니다. 질문은 우리를 삶의 주체로 다시 세운다.

사르트르는 실존주의를 통해 인간이 스스로 자신의 본질을 만들어가는 존재라고 보았다. 그는 "존재는 본질에 앞선다"고 말한다. 다시 말해, 인간은 먼저 존재하고, 그 후에 스스로를 만들어간다는 것이다.

질문은 단순한 궁금증을 넘어서, 자기 자신을 형성해 나가는 데 꼭 필요한 도구다. 우리는 스스로에게 질문을 던짐으로써 자신의 생각과 감정을 들여다보고, 어떤 사람이 되고 싶은지를 점차 그려 나간다.

반면, 질문하지 않는 사람은 자신을 돌아볼 기회를 잃은 채, 사회나 타인이 정해놓은 기준과 기대 속에 갇혀 살아가게 된다. 결국 질문은 나를 이해하고 주체적으로 살아가기 위한 출발점이자 과정이다.

"나는 누구인가?"라는 질문은 단순히 빠르게 대답하고 끝낼 수 있는 문제가 아니다. 이 질문은 인생이라는 긴 여정을 통해 꾸준히 그리고 천천히 답해 나가야 하는 깊고 중요한 과제라고 할 수 있다.

우리가 살아가면서 겪는 경험과 성찰을 통해 조금씩 자신에 대한 이해를 넓혀 가는 과정이기 때문이다.

따라서 이 질문에 대한 대답은 한순간에 완성되는 것이 아니라, 평생 동안 계속해서 탐구하고 답해 나가야 할 삶의 중요한 여정이라고 할 수 있다.

매일의 선택 속에서, 관계 속에서, 감정의 흔들림 속에서 우리는 조금씩 그 답을 써 내려가고 있는지도 모른다. 중요한 것은 답을 찾는 것이 아니라, 질문을 잃지 않는 것이다.

질문은 방향을 제시하고, 삶에 깊이를 더하며, 나와 세상 사이의 관계를 끊임없이 조율하게 만든다. 질문을 품고 산다는 것은, 자기 삶을 자기 언어로 살아가겠다는 선언과도 같다. 그 선언은 작지만, 우리를 진짜 삶으로 이끈다.

"나는 누구인가?"라는 질문은 단순한 철학적 호기심이 아니라, 존재를 되찾기 위한 실천의 시작이다.

외부의 기준에 끌려 다니는 삶에서 벗어나 스스로 묻고 답할 수 있을 때, 우리는 비로소 주체적인 삶을 살아갈 수 있다.

이 질문은 결코 완성되지 않는다. 그러나 그 질문을 잃지 않는

한, 우리는 살아 있는 존재로서 계속 나아갈 수 있다.

삶의 깊이는 우리가 던지는 질문의 깊이에 비례한다. 단순히 살아가는 데 그치지 않고, 자신의 존재와 삶의 의미를 스스로 묻기 시작할 때, 비로소 삶은 깊어지고 풍요로워진다.

그리고 그 모든 물음의 출발점에는 늘 같은 질문이 있다. 바로 "나는 누구인가?"라는, 가장 단순하면서도 가장 본질적인 물음이다.

이 질문을 진지하게 던질 수 있을 때, 우리는 비로소 자신의 정체성과 삶의 방향을 찾아가며, 보다 깊이 있는 삶을 살아갈 수 있게 된다.

일상에서 자기 성찰을
시작하는 법

우리는 날마다 해야 할 일로 가득한 삶을 산다. 아침부터 밤까지 바쁘게 움직이고, 잠시의 여유도 갖지 못한 채 하루를 끝낸다. 하지만 그 치열한 일상 속에서 문득 이런 생각이 들 때가 있다.

"나는 지금 제대로 살고 있는 걸까?" 이 짧은 질문은 바로 자기 성찰의 시작이다. 자기 성찰은 거창하거나 고립된 수행이 아니라, 일상 속에서 잠시 멈추어 '나'를 들여다보는 작은 습관에서 비롯된다.

현대인은 끊임없이 바깥을 향해 움직인다. 해야 할 일, 만나야 할 사람, 쌓아야 할 성과, 따라야 할 기준들에 쫓기다 보면, 자신이 어떤 사람인지, 무엇을 좋아하고 무엇을 두려워하는지 잊어버리게 된다.

외부 세계에 집중할수록 내면의 목소리는 점점 희미해지고, 그 결과 우리는 익숙한 삶을 살면서도 낯선 감정을 느끼게 된다.

이럴 때 자기 성찰은 내면과 다시 연결되는 출발점이 된다. 성찰은 자신의 감정, 생각, 행동을 관찰하고 이해하는 과정이다. 자기 자신과의 대화를 통해 "왜 그렇게 반응했는가?", "지금 내가 느끼는 감정은 어디서 비롯되었는가?", "나는 이 선택에 정말 동의하는가?" 같은 질문들을 던질 수 있게 된다. 이러한 질문은 삶을 더 깊이 있게 만들고, '나'라는 존재에 대한 이해를 점점 풍부하게 한다.

자기 성찰은 특별한 장소나 시간이 필요한 것이 아니다. 오히려 가장 좋은 성찰의 시간은 일상 그 자체다. 예를 들어, 아침에 일어나기 전이나 잠들기 전 5분 정도 자신에게 질문을 던져보는 것으로 충분하다.

"오늘 나를 웃게 한 순간은 언제였는가?", "오늘 내가 놓친 감정은 무엇이었는가?"와 같은 질문은 스스로를 돌아보게 한다.

하루를 마무리하며 감정이나 고민을 짧게라도 메모하는 습관은 생각보다 큰 힘을 지닌다. 막연하게만 느껴졌던 감정을 글로 적어보는 것만으로도 마음속 혼란이 조금씩 정리되기 시작한다.

글을 쓰는 순간, 우리는 그 감정을 있는 그대로 바라보게 되고, 그것을 언어로 표현하면서 감정과 나 사이에 자연스럽게 거리를 둘 수 있게 된다.

 이렇게 감정을 구체화하고 객관화하는 과정은 나 자신을 더 잘 이해하게 하며, 감정에 휘둘리지 않고 차분하게 나를 돌보는 데에도 도움이 된다.

 하루 중 10분이라도 핸드폰을 내려놓고 아무것도 하지 않는 시간을 가져보는 것도 유익하다. 또한 조용히 창밖을 바라보거나 잠시 숨소리에 집중해 보는 것만으로도 마음이 조금씩 가라앉기 시작한다.

 아무것도 하지 않고 가만히 있는 그 순간, 바쁘게 흘러가던 생각들이 멈추고, 내면 깊은 곳에서 올라오는 작은 소리에 귀 기울일 수 있는 여지가 생긴다.

 이렇게 고요한 시간을 통해 우리는 감정의 혼란 속에서도 진짜 내 마음이 말하는 것을 조금씩 알아차릴 수 있게 된다.

 누군가의 말이나 사건에 즉각 반응하기보다 그 반응의 원인을 자문해 보는 것도 성찰의 시작이다.

 "왜 나는 이 말에 화가 났지?", "지금의 불안은 어디서 시작된 것일까?"와 같은 질문은 감정에 휘둘리지 않고 선택하는 삶으로 나아가는 문을 열어준다.

 우리는 관계 속에서도 나를 비출 수 있다. 가족, 동료, 친구 등 일상의 관계 속에서 내가 반복하는 말과 행동을 되돌아보는 것만으로도 많은 것을 깨달을 수 있다. 관계는 언제나 '나'를 비추는 거울이기 때문이다.

　많은 사람들이 자기 성찰을 시도하다가 금세 지친다. 이유는 명확하다. 성찰을 자기비판으로 착각하기 때문이다.

　하지만 진정한 성찰은 나 자신을 비난하거나, 어떤 이상적인 모습에 억지로 맞추려는 노력이 아니다. 성찰이란 지금 이 순간의 나를 있는 그대로 바라보고, 나의 감정과 생각, 행동을 솔직하게 들여다보려는 마음의 태도다. "나는 왜 그런 선택을 했을까?", "왜 그런 감정을 느꼈을까?" 하고 조용히 스스로에게 물어보는 시간 속에서, 우리는 점차 자신을 더 깊이 이해하게 된다. 이 과정은 나를 바꾸려 하기보다는, 먼저 나 자신을 진심으로 받아들이고 이해하려는 데서 시작된다. 있는 그대로의 나를 알아차릴 수 있을 때, 우리는 비로소 진짜 나답게 살아가는 길로 나아갈 수 있다.

　감정이 복잡하게 느껴지는 날에는 그 복잡함을 억지로 풀려고 애쓰지 않아도 괜찮다. 그저 "왜 이렇게 복잡하지?"라고 조용히 스스로에게 물어보는 것만으로도 충분하다.

　자기 성찰을 자주 하게 되면 점점 나 자신을 더 잘 알게 된다. 자신을 이해하는 마음이 커지면, 자연스럽게 다른 사람들도 이해하려는 마음이 생긴다.

　성찰하는 사람은 쉽게 단정하지 않고, 상대의 말 뒤에 숨은 감정과 맥락을 읽어낼 수 있다. 결국 자기 성찰은 자기 자신을 향한 따뜻한 질문이자, 타인을 향한 공감의 문을 여는 시작점이 된다.

자기 성찰은 하루아침에 삶을 바꾸는 거대한 전환이 되지 않는다. 그러나 성찰하는 삶과 그렇지 않은 삶은 시간이 흐를수록 분명한 차이를 만든다.

자신의 감정을 이해하고, 선택에 책임을 지며, 타인의 시선이 아니라 스스로의 기준으로 살아갈 수 있게 된다. 그리고 그런 삶은 덜 흔들리고, 덜 후회하며, 더 단단해진다.

삶은 우리를 끊임없이 바쁘게 만들지만, 그 속에서도 잠시 멈추어 자신에게 질문을 던지는 시간을 가질 수 있다면, 우리는 더 이상 익명의 시간에 밀려 다니는 존재가 아니다. 그 질문을 잃지 않는 한, 삶은 조금씩 더 나다운 방향으로 깊어지고 단단해질 것이다.

내면의 감정과
욕구 알아차리기

우리는 하루에도 수많은 감정을 경험한다. 기쁨과 설렘부터 분노, 두려움, 지루함, 외로움에 이르기까지 그 스펙트럼은 넓고도 다양하다.

그러나 대부분의 사람들은 자신의 감정에 대해 깊이 생각하지 않는다. 어떤 감정이 일어났는지는 알지만, 왜 그런 감정을 느꼈는지, 그 감정 아래 어떤 욕구가 숨어 있는지는 잘 알아차리지 못한다.

감정은 단순한 반응이 아니라, 내면에서 무언가를 말하고자 하는 신호다. 이 신호를 정확히 이해하는 일은 자기이해를 넘어, 타인과의 관계, 삶의 방향, 선택의 기준까지 바꾸는 깊은 성찰의 출발점이 된다.

감정을 알아차리는 일은 의외로 어렵다. 우리는 흔히 "짜증

나", "기분이 안 좋아"라는 말로 감정을 표현하곤 하지만, 그 감정의 실체가 무엇인지 정확히 인식하지 못할 때가 많다.

가령 짜증 뒤에는 이해받지 못했다는 외로움, 혹은 내 뜻대로 되지 않는 상황에 대한 무력감이 숨어 있을 수 있다. '불안하다'는 감정은 통제할 수 없는 상황에 대한 두려움, 불확실성에 대한 저항감으로부터 비롯될 수 있다.

감정은 욕구의 신호다. 비폭력대화(Nonviolent Communication, NVC)의 창시자 로젠버그(Marshall B. Rosenberg)는 "모든 감정은 충족된 욕구 혹은 충족되지 않은 욕구에서 비롯된다"고 말한다.

기쁨은 내 욕구가 존중받고 충족되었을 때 생기고, 분노나 슬픔, 실망은 어떤 욕구가 좌절되었을 때 발생한다. 그러므로 감정을 정확히 읽어내려면, 그 근원이 되는 욕구를 찾아내는 연습이 필요하다.

예를 들어, 직장에서 상사의 피드백에 분노를 느낀다면 단순히 '화가 났다'는 데에 머물지 말고, 그 아래 어떤 욕구가 있는지를 질문해 보아야 한다. '존중받고 싶다', '노력에 대한 인정을 받고 싶다', '과도한 비난을 피하고 싶다'는 식의 내면적 욕구가 있을 수 있다.

이처럼 감정은 언제나 어떤 필요를 반영한다. 그리고 그 욕구를 정확히 알아차릴수록, 우리는 더 이상 감정에 휘둘리는 존재가 아니라 감정을 통해 자기 자신을 이해하고 선택할 수 있는 주체적인 존재가 된다.

자신의 감정을 있는 그대로 받아들이기 위해서는 판단하지 않는 태도가 필요하다. 우리는 종종 어떤 감정은 좋은 것이고, 어떤 감정은 나쁜 것이라고 구분하려 한다.

그러나 감정에는 옳고 그름이 없다. 감정은 도덕이 아니라 정보이며, 판단이 아니라 사실이다.

슬퍼하는 나, 화내는 나, 질투하는 나 역시 '나'라는 존재의 일부다. 그 감정을 억누르거나 무시하는 대신, "지금 나는 이런 감정을 느끼고 있구나" 하고 자신을 수용하는 태도야말로 진정한 자기이해의 출발점이다.

자신의 감정을 잘 알아차리는 능력은 타인과의 관계에도 매우 긍정적인 영향을 준다. 내가 지금 어떤 감정을 느끼고 있는지 정확하게 인식할 수 있다면, 그 감정을 건강하게 표현하고 조절할 수 있기 때문이다.

반면, 자신의 감정을 제대로 인식하지 못하면, 그 감정은 알게 모르게 무의식적으로 행동에 스며들거나, 전혀 다른 방식으로 왜곡되어 밖으로 드러날 수 있다.

예컨대 외로움을 느끼면서도 이를 인정하지 않고 짜증으로 표현하면, 상대방은 내가 진짜로 원하는 것이 무엇인지 알지 못한다.

반대로, "나는 지금 외롭고, 누군가와 연결되고 싶은 마음이 있어"라고 솔직히 말할 수 있다면, 그것은 관계를 망치지 않고 회복할 수 있는 힘이 된다.

감정과 욕구를 성찰하는 일은 삶의 방향을 점검하는 데에도 도움이 된다. 우리는 종종 바쁘게 살면서도 삶이 허전하다고 느낀다. 이유는 단순하다. 자신의 진짜 욕구와 삶의 방향이 일치하지 않기 때문이다.

돈을 많이 벌고 있음에도 의미를 느끼지 못한다면, 아마도 그 사람은 '기여', '자율성', '자기 표현'과 같은 본질적인 욕구가 충족되지 않고 있을 가능성이 높다. 이처럼 감정은 삶이 어떤 방향으로 흘러가고 있는지를 알려주는 내면의 나침반이다.

이 과정을 실천하기 위해 필요한 것은 단순하지만 꾸준한 연습이다. 하루 중 몇 분이라도 조용히 "나는 지금 어떤 감정을 느끼는가?", "그 감정 아래에는 어떤 욕구가 있는가?"라고 자신에게 물어보는 습관을 가져보자.

처음에는 자신의 감정을 알아차리는 일이 막연하고 어렵게 느껴질 수 있다. 기분이 좋거나 나쁘다는 정도는 알 수 있어도, 그 감정이 어디에서 비롯된 것인지, 정확히 어떤 느낌인지 분명하게 말하기는 쉽지 않다.

그러나 시간을 두고 차분히 자신의 내면을 들여다보는 연습을 계속하다 보면, 점차 감정의 미세한 결을 느끼고 구별하는 감각이 자라나기 시작한다.

예를 들어, 단순히 '화가 난다'는 감정 속에 서운함이나 무시당했다는 느낌, 혹은 기대가 어긋난 실망감 등이 숨어 있다는 것을 알아차릴 수 있게 된다.

이렇게 감정을 더 깊이 이해하게 되면, 그 감정 뒤에 있는 나의 진짜 욕구를 보다 정확히 인식할 수 있게 된다. 예를 들어, 그것은 인정받고 싶다는 바람일 수도 있고, 이해받고 싶다는 마음일 수도 있다.

이처럼 감정을 알아차리는 일은 단순히 감정을 억누르거나 조절하는 기술을 넘어, 자기 자신과 더 깊고 진실하게 연결되는 길이며, 자기 이해와 성장을 위한 중요한 출발점이 된다.

살아간다는 것은 끊임없이 감정을 느끼고 욕구를 품는 일이다. 그러나 그 느끼는 일과 원하는 일을 무심코 흘려보낼 것인가, 아니면 그것을 알아차리고 이해하며 살아갈 것인가는 전혀 다른 삶의 질을 만든다.

감정과 욕구는 우리 안에서 늘 말을 걸고 있다. 그것을 외면하지 않고 경청할 수 있을 때, 우리는 진짜 자기 자신과 만나게 된다. 그리고 그 만남이 반복될수록, 삶은 더 단단해지고, 관계는 더 진실해지며, 존재는 더 또렷해진다.

과거 경험과
현재의 연결고리 찾기

우리는 지금 이 순간을 살아가지만, 그 삶의 대부분은 과거와 연결되어 있다. 과거는 단순히 지나가 버린 시간이 아니다.

그것은 끝난 사건들의 집합이 아니라, 지금 이 순간 우리의 생각과 행동에 여전히 영향을 미치고 있는 살아 있는 기억의 층이다.

우리가 내리는 선택, 느끼는 감정, 사람들과 맺는 관계 속에는 과거의 경험에서 비롯된 무의식적인 영향이 스며들어 있다. 어린 시절의 기억, 누군가에게서 받았던 말이나 상처, 반복된 상황에서 형성된 감정 반응들은 현재의 삶에 보이지 않는 배경처럼 자리 잡고 있다.

이러한 과거는 말로 직접 설명되지 않더라도 우리가 어떤 사람인지, 어떤 가치를 중요하게 여기는지를 조용히 드러내며, 현재의 나를 형성하는 토대가 된다. 다시 말해, 과거는 단절된 시간이 아니라 지금의 나를 구성하고 이끌어가는 내면의 배경인 것이다.

하지만 우리는 흔히 과거를 잊거나 지워야 한다고 생각한다. 고통스러운 기억은 외면하고, 실수는 덮어두며, 지나간 일은 현재와 무관하다고 여긴다.

그러나 과거에서 비롯된 감정과 상처, 기쁨과 통찰은 여전히 지금 이 순간에도 우리 안에서 작동하고 있다. 그렇기에 과거와 현재의 연결고리를 찾는 일은 곧 자기 자신을 온전히 이해하고 수용하는 여정이 된다.

기억은 언제나 선택적이고, 종종 불완전하다. 우리는 모든 것을 기억하지 못하며, 기억된 과거조차 감정과 관점에 따라 끊임없이 재구성된다. 동일한 사건을 두고도 시간이 지난 후에는 전혀 다르게 해석하고 다르게 느끼게 된다.

이 점에서 과거는 고정된 기록이 아니라, 현재의 나에 의해 끊임없이 재해석되는 텍스트라 할 수 있다. 나는 지금 어떤 감정 상태에 있는가, 나는 어떤 질문을 품고 있는가에 따라 과거는 새로운 의미를 얻게 된다.

과거와의 연결을 통해 얻을 수 있는 가장 큰 선물 중 하나는 자기 이해의 확장이다. 현재의 감정 반응이 지나치게 크거나 반복되는 경우, 우리는 종종 "나는 왜 이렇게 민감할까?"라고 자문

한다. 하지만 그 감정은 종종 과거의 경험에서 비롯된다.

어린 시절 인정받지 못한 기억, 반복적으로 상처받은 관계, 실패에 대한 두려움 등은 아직 치유되지 않은 채 우리 내면 어딘가에 남아 있다. 특정 말에 유난히 상처받고, 어떤 상황에서 반복적으로 불안해지는 이유는 과거의 흔적이 여전히 현재를 자극하기 때문이다.

이때 중요한 것은, 과거를 분석하거나 비판하는 것이 아니라, 그 경험과 대화하려는 태도다. "그때 나는 무엇을 느꼈을까?", "왜 그것이 그렇게 아팠을까?", "지금의 나에게 어떤 영향을 남겼을까?"라는 질문을 스스로에게 던짐으로써 우리는 과거를 현재에 재통합할 수 있다.

이는 단지 기억을 되살리는 행위가 아니라, 기억을 성찰로 전환하는 작업이다. 그렇게 우리는 더 이상 과거에 머무르지 않고, 과거를 내 삶의 일부로 받아들이는 존재가 된다.

철학자 푸코는 "과거를 되돌아보는 일은 단지 회상이 아니라 저항이다"라고 말했다. 이는 과거의 반복이 아니라, 과거를 현재의 관점에서 새롭게 바라보고 그 안에서 자유로워지는 행위라는 뜻이다.

우리는 과거에 머물며 자신을 규정짓는 사람이 아니라, 그 과거를 발판 삼아 더 성숙한 내가 될 수 있는 사람이다.

또한 과거를 들여다보는 일은 타인에 대한 이해와 공감의 문을 여는 일이기도 하다. 타인의 행동이나 감정을 쉽게 판단하고 오해하기보다는, 그 사람이 어떤 과거를 겪었는지를 상상하는 순간 우리는 판단 대신 공감의 언어를 배우게 된다.

"그 사람도 아팠을 것이다", "그 말 뒤에는 어떤 상처가 있었을까?"라고 묻는 태도는 타인뿐 아니라 나 자신에게도 필요한 따뜻함이다.

삶은 일직선으로 곧게 나아가는 것이 아니다. 때로는 뒤로 물러서기도 하고, 같은 자리를 반복해서 돌기도 한다. 그래서 삶은 직선보다 나선에 더 가깝다. 우리는 늘 앞으로 나아가지만, 그 나아감은 과거의 흔적을 품은 현재를 기반으로 한다.

과거와 화해하지 못한 사람은 현재도 온전히 살아가기 어렵다. 반대로 자신의 과거를 이해하고 수용한 사람은 지금 이 순간을 더 풍부하고 의식적으로 살아갈 수 있다.

결국 "나는 왜 지금 이 자리에 있는가"라는 질문에 답하려면, "나는 어떤 과거를 지나왔는가"를 함께 묻지 않으면 안 된다.

그때의 나는 지금의 나를 만들었고, 지금의 나는 그때의 나를 다시 바라보고 있다. 이 순환은 단절이 아니라 연결이고, 후회가 아니라 성찰이며, 억눌림이 아니라 존재의 통합이다.

지나온 경험을 다시 꺼내어 들여다보는 일은 결코 쉽지 않다. 과거의 기억을 떠올리는 것만으로도 마음이 불편해질 수 있고, 때로는 그 안에 담긴 감정이 너무 고통스러워 애써 외면하고 싶어질 때도 있다.

  어떤 기억은 후회나 부끄러움을 동반하기도 하며, 또 어떤 기억은 여전히 상처로 남아 있어 마주하는 것 자체가 두려울 수 있다. 그러나 바로 그 불편한 기억들 속에 현재의 나를 이해하는 열쇠가 담겨 있다.

  우리가 지금 느끼는 감정이나 반응은 종종 과거의 경험과 연결되어 있으며, 그 기억을 마주함으로써 감정의 뿌리를 알 수 있게 된다. 더 나아가, 그러한 기억 속에는 앞으로의 삶을 더 지혜롭게 살아가는 데 필요한 통찰과 내면의 힘이 숨어 있다.

  결국, 과거를 돌아보고 있는 그대로 받아들이는 일은 현재를 깊이 이해하고, 더 나은 미래를 준비하는 데 있어 매우 중요한 과정이다.

  우리는 과거와 현재의 연결고리를 찾는 순간 더 이상 과거에 머물지 않게 된다. 과거를 등에 지고 사는 것이 아니라, 그 과거를 딛고 서서 오늘을 살아가는 사람이 된다.

감정을 받아들이고
표현하는 연습

우리는 누구나 감정을 지닌 존재로 살아간다. 우리는 하루에도 몇 번씩 기쁨, 분노, 슬픔, 불안, 외로움, 안도감, 고마움 같은 다양한 감정들을 경험하며 지낸다.

그러나 정작 우리는 그 감정들을 온전히 인식하거나 표현하는 법을 배우지 못한 채 살아가는 경우가 많다. 감정은 종종 '참아야 할 것', '숨겨야 할 것' 혹은 '조절해야 할 것'으로 여겨지며, 있는 그대로 드러내기보다는 억누르거나 외면하는 쪽으로 길들여진다.

하지만 감정을 받아들이고 표현하는 것은 단지 감성적인 일이 아니다. 그것은 곧 자기 자신과 진실하게 연결되는 일이며, 타인과 깊이 있는 관계를 맺는 전제가 된다.

감정을 받아들이는 연습이 부족한 사람은 자신이 무엇을 원하는지도, 무엇에 상처받는지도 명확히 알지 못하고 살아가기 쉽다. 감정은 단지 느낌이 아니라, 삶이 나에게 보내는 신호이자, 내가 나를 이해하는 창이다.

많은 사람들이 감정을 드러내는 것을 약하다고 생각한다. "눈물 보이지 마", "화를 내면 지는 거야", "그런 감정은 티 내지 마"라는 말들은 우리에게 감정을 숨기는 것이 성숙한 태도인 양 주입한다. 그러나 이는 오해다.

진짜 성숙함은 감정을 억누르거나 무시하는 데 있는 것이 아니다. 오히려 자신의 감정을 왜곡하지 않고, 있는 그대로 바라보고 받아들이는 데서 시작된다.

기쁨이든, 슬픔이든, 분노이든, 두려움이든 그 감정들이 어떤 이유로 생겨났는지를 이해하고, 그런 감정들을 있는 그대로 품을 수 있는 사람이야말로 성숙한 사람이다.

감정을 억제하는 것은 잠시 견디는 방법이 될 수는 있지만, 감정을 인정하고 그 안에서 자신을 돌보는 것이야말로 진정한 내면의 성장으로 이어진다.

슬픔을 충분히 느끼지 못하면, 그 감정은 분노가 되어 타인에게 투사된다. 두려움을 인정하지 않으면, 그것은 공격성으로 위장되어 관계를 망친다. 억눌린 감정은 사라지지 않고, 내면 어딘가에 숨어 쌓이며 변형된다.

따라서 감정을 받아들이는 첫걸음은 그것을 '좋은 감정'과 '나쁜 감정'으로 구분하지 않고, 모든 감정을 삶의 일부로 받아들이려는 태도를 갖는 것이다.

감정을 솔직하게 들여다보는 것이 때때로 무섭게 느껴지는 이유는, 그 감정이 나를 압도하거나 나를 무너뜨릴 것 같아서다. 그러나 실제로 감정 자체는 결코 해롭지 않다.

감정은 자연스러운 반응이다. 제때 느끼고 표현하면 오히려 쉽게 지나간다. 고통스러운 것은 감정을 억누르고 피하려 할 때 생기는 내부의 갈등과 저항이다.

심리학자 로저스(Carl R. Rogers)는 "사람은 자기 자신을 깊이 이해받을 때 비로소 변화한다"고 말했다.

이 말은 자기 감정에 대해서도 마찬가지다. 우리는 타인에게 공감받을 때뿐 아니라, 자신의 감정을 있는 그대로 인정하고 품어줄 때, 내면의 균형을 회복할 수 있다.

"나는 지금 슬프다", "나는 지금 두렵다"라고 말하는 것만으로도 우리는 감정의 주인이 된다.

감정을 받아들이는 것에서 한 걸음 더 나아가, 그것을 말로 표현하는 것은 또 다른 용기를 필요로 한다. 많은 갈등은 감정 자체보다, 감정을 제대로 표현하지 못해 생긴 오해와 왜곡에서 비롯된다.

"화났다"는 말 대신 "짜증나 죽겠어" 혹은 "너 때문에 망쳤어" 같은 방식으로 분출되면, 진짜 감정은 전달되지 않고 공격으로

만 받아들여진다.

표현의 연습이 필요한 이유는, 감정에는 말을 붙이는 기술이 필요하기 때문이다. 예를 들어 "나는 지금 외롭다"는 말은 단순해 보이지만, 이를 솔직하게 말하는 데는 자존심, 두려움, 수치심이 걸려 있다. 그러나 감정을 언어화하면 그것은 더 이상 혼란이 아니라 소통의 언어가 된다.

비폭력대화의 창시자인 로젠버그는 감정을 표현할 때 '자신의 욕구'를 함께 말하는 것이 핵심이라고 말한다. "나는 지금 외롭고, 누군가와 연결되고 싶어"라는 말은, 공격하지 않으면서도 진심을 전달하는 방식이다.

감정을 숨긴 채 좋은 사람처럼 보이는 것은 관계를 건강하게 유지하는 방법이 아니다. 오히려 억눌린 감정은 언젠가 불쑥 터져 나와 관계를 해치고, 표현되지 못한 감정은 관계를 피상적으로 만든다. 감정을 표현하는 것은 때로 갈등을 유발할 수도 있지만, 진정한 친밀감은 바로 그 솔직한 감정 표현 위에 쌓인다.

감정을 표현한다고 해서 그 사람이 약하다는 뜻은 아니다. 오히려 감정을 솔직하게 드러낼 수 있는 사람은 자신의 마음을 잘 들여다보고 이해할 줄 아는 사람이다.

그는 자신의 내면과 깊이 연결되어 있을 뿐만 아니라, 타인에게도 진심으로 다가가려는 태도를 지닌 사람이다. 감정을 감추는 것이 반드시 강함의 증거는 아니듯, 감정을 표현하는 것은 오히려 진실함과 용기의 또 다른 모습일 수 있다.

  내가 먼저 내 감정을 솔직하게 표현할 때, 타인도 자신을 더 편안하게 열 수 있다. 감정 표현은 감정 통제가 아니라 감정 공유이며, 이는 결국 공감의 문을 여는 일이다.

  감정은 우리가 살아 있다는 증거이자, 삶과 관계를 더욱 깊게 만드는 도구다. 그것을 억누르지 않고, 받아들이고, 말로 표현하는 연습은 곧 자기 자신에게 정직해지는 과정이며, 타인과 연결되는 다리를 놓는 일이다.

  우리는 감정을 다스리는 존재가 아니다. 감정을 느끼고, 그것을 표현하며, 서로의 감정을 존중할 수 있는 존재로 나아가야 한다. 감정은 감추어야 할 것이 아니라, 느끼고 표현하며 살아가야 할 것이다. 감정을 온전히 받아들이고 살아낼 때 우리는 비로소 진짜 나답게 살 수 있다.

5장

존재의 의미 확장하기

'살아 있음'과 '존재함'의 차이

우리는 살아 있다. 아침이면 눈을 뜨고, 하루를 보내고, 밤이면 다시 눈을 감는다. 심장은 멈추지 않고 뛰고, 폐는 끊임없이 공기를 들이마시고 내쉰다. 생물학적으로 '살아 있음'은 우리가 여전히 생존하고 있다는 증거다.

그러나 문득 스스로에게 묻게 된다. "나는 정말 존재하고 있는가?" 살아 있는 것과 존재하는 것은 같은 말일까?

'살아 있음'은 생물학적 상태다. 인간뿐만 아니라 식물, 동물, 미생물까지도 살아 있다. 그들은 생명을 유지하기 위해 먹고, 자고, 움직이며, 종족을 보존한다.

그러니 '존재함'은 단순한 생존의 차원을 넘는다. 그것은 지금 이 순간을 의식하고 있는지, 삶의 의미를 스스로 묻고 있는지를 포함한다.

많은 사람이 빠듯한 일상에 쫓겨 '살아는 있지만 존재하지 못하는' 상태에 머문다. 주어진 과제를 처리하고, 일정에 따라 움직이며, 사회적 역할에 자신을 맞춘다.

그러나 이런 삶은 어느 순간 기계적으로 반복되며 무감각해진다. 그럴 때 우리는 어떤 깊은 결핍감에 직면한다. 바로 '존재하고 있다'는 감각의 상실이다.

존재는 질문하는 행위에서 시작된다. "나는 누구인가?", "왜 이 일을 하고 있는가?", "지금 이대로 살아도 괜찮은가?"와 같은 물음은 단순한 자기 확인을 넘어서, 삶의 방향을 묻고 재정립하게 한다.

이 질문은 때로 불편하고 고통스럽다. 그럼에도 우리는 이 물음을 통해 비로소 나 자신을 느끼고, 타인과의 경계 속에서 진짜 '나'로 존재하게 된다.

사르트르나 하이데거 같은 철학자들이 말한 '존재의 자각'은 단지 철학자의 사유가 아니다. 그것은 오늘을 살아가는 모든 이가 마주해야 하는 실존적 과제다.

우리는 존재하기 위해 질문해야 한다. 그 질문은 때로 방향을 바꾸게 하고, 멈춰 서게 하며, 다시 나아가게 만든다.

존재는 감정과 감각을 살아내는 데서도 드러난다. 하루를 보내며 느낀 기쁨, 분노, 외로움, 평안함 같은 감정은 단순한 반응이 아니라 삶의 흔적이다. 이를 무시하거나 억누를 때 우리는 점점 자신으로부터 멀어진다. 반대로 감정을 알아차리고 표현할 때, 우리는 자기 존재의 중심으로 다가간다.

살아 있다는 것은 단지 심장이 뛰고 숨을 쉬는 것처럼, 생물학적으로 기능하고 있다는 생리적인 사실을 의미한다. 그러나 존재한다는 것은 그보다 더 깊은 의미를 가진다. 어떤 장면을 보고 마음이 움직이고, 어떤 말에 상처를 받거나 위로를 느끼며, 타인의 고통에 공감하는 것처럼 감정적으로 반응하는 상태를 말한다.

다시 말해, 살아 있음이 육체가 작동하고 있다는 것을 뜻한다면, 존재함은 마음이 느끼고 반응하며 삶과 연결되어 있다는 것을 의미한다.

우리가 눈앞에 펼쳐진 풍경을 그저 스쳐 지나가지 않고 잠시 멈춰 바라볼 수 있을 때, 누군가의 말을 흘려듣지 않고 마음을 다해 귀 기울일 수 있을 때, 그리고 자신 안에서 일어나는 감정을 억누르지 않고 솔직하게 받아들일 수 있을 때, 우리는 단지 살아 있는 것을 넘어서 '존재하고 있다'는 것을 경험하게 된다.

그런 순간들은 일상 속에 조용히 스며 있지만, 바로 그때야말로 우리가 지금 이 순간, 진정으로 깨어 있고 살아 있으며 삶과 깊이 연결되어 있다는 분명한 증거이다.

우리는 혼자만의 세계에 있을 때보다 다른 사람과 관계를 맺는 순간에 존재를 더 깊이 느끼게 된다. 존재란 단지 홀로 살아가는 것이 아니라, 타인과의 만남과 상호작용을 통해 더욱 선명해지고 확장되는 것이다.

사실 우리는 자신에 대해 온전히 스스로 파악하기 어렵다. 그러나 타인의 시선에서 자신을 바라보고, 타인의 반응을 통해 감정을 느끼며, 타인의 공감 속에서 자신이 어떤 사람인지 조금씩 알아가게 된다.

결국 존재란 나 혼자만으로 완성되는 것이 아니라, 타인과의 관계 속에서 비로소 더 깊이 이해되고 드러나는 것이다.

"저 사람은 나를 어떻게 느끼는가?"라는 질문은 "나는 어떤 사람인가?"라는 질문으로 되돌아온다. 관계는 거울이다. 그 거울을 통해 우리는 자신의 얼굴을 조금 더 똑바로, 조금 더 진지하게 바라볼 수 있다.

이때 중요한 것은 타인의 기준에 휘둘리는 것이 아니라, 관계를 통해 내면의 울림을 더 또렷이 듣는 것이다. 타인의 기대에 맞추기보다 그들과의 진정한 만남 속에서 자기 자신을 발견하는 것이 '존재함'의 또 하나의 방식이다.

우리는 모두 살아 있다. 그러나 존재하고 있는지는 끊임없이 스스로에게 물어야 한다. 오늘 하루를 마치고 "나는 오늘 누구로서 존재했는가?"를 자문하는 순간, 우리는 생존의 단계에서 실존의 단계로 한 발 더 다가서는 것이다.

삶은 주어진 것이 아니라 구성해 나가야 할 것이다. 존재는 만들어지는 것이며, 그 과정은 결코 쉽지 않다. 그러나 그 길을 걷는 동안 우리는 더 깊고 단단한 나 자신으로 자라난다.

그리고 우리는 단순히 살아 있다는 사실만으로는 삶이 온전히 충만해질 수 없다는 것을 마침내 깨닫게 된다. 숨을 쉬고 하루를 버텨낸다고 해서 그것이 곧 진정한 삶을 의미하는 것은 아니다.

진정한 삶이란 단순한 생존을 넘어, 자신이 누구인지 느끼고, 세상과 관계를 맺으며, 마음을 다해 하루하루를 살아가는 것이다. 다시 말해, 살아 있다는 생물학적 사실만으로는 부족하며, '존재하며 살아간다'는 자각과 태도를 가질 때 비로소 삶은 의미를 갖게 된다.

진정한 '나' 발견하기

"나는 누구인가?" 이 질문은 인류가 오래도록 던져온 존재론적 물음이다. 삶의 방향을 잃었을 때, 혼란스러운 감정에 휩싸일 때, 혹은 타인의 기대에 휘둘릴 때마다 우리는 다시 이 질문으로 되돌아간다.

그러나 진정한 '나'를 발견한다는 일은 단순히 성격을 분석하거나 과거를 회상하는 것을 넘어서, 자신을 바라보는 방식과 세계와 관계 맺는 태도를 근본적으로 성찰하는 일이다.

우리는 자라나는 동안, 자신을 있는 그대로 바라보는 태도보다는 타인의 기준과 기대에 맞춰 자신을 판단하고 규정짓는 방식을 배우며 성장한다.

좋은 사람이란 어떤 사람인지, 성공은 어떤 모습이어야 하는지, 심지어 어떻게 느끼고 표현해야 하는지도 주변의 시선과 평가를 통해 익혀 간다.

그렇게 우리는 자신이 누구인지보다 타인이 나를 어떻게 볼지를 먼저 생각하게 되고, 점점 타인의 기준 속에서 자신을 정의하려는 습관을 갖게 된다.

예를 들어, 우리가 흔히 말하는 '착한 아이', '성공한 사람', '이상적인 부모'와 같은 이름이나 역할은 대부분 외부의 기대와 사회적 기준을 내면화한 결과이다. 이러한 표현들은 우리가 스스로 선택한 정체성이라기보다는 타인에게 인정받기 위해 받아들인 모습인 경우가 많다.

우리는 자라면서 주변의 칭찬과 비판, 그리고 사회의 기대를 반복적으로 경험하며, 그것을 점차 자신의 기준처럼 받아들이게 된다. 그렇게 형성된 이름과 역할은 자신을 이해하고 표현하는 방식에도 깊은 영향을 미친다.

또한, 타인의 기대에 부응하기 위해 감정을 숨기고 하고 싶은 말을 삼킨 채 살아가다 보면, 정작 '나는 누구인가'라는 질문에 쉽게 답할 수 없게 된다.

심리학자 로저스는 사람이 가진 '실제 자아'와 '이상 자아' 사이의 차이가 클수록, 즉 자신이 실제로 느끼고 행동하는 모습과 자신이 되고 싶어 하는 이상적인 모습 간의 괴리가 커질수록 심리적인 불안정이 더 심해진다고 보았다.

우리는 종종 다른 사람이 기대하는 모습에 맞추려고 애쓰지만, 그런 모습은 지금의 진짜 나와 다를 수 있어서 마음속에 혼란이 생기기도 한다.

"나는 더 활발해야 해", "나는 더 성공적이어야 해"와 같은 생각들은 우리로 하여금 끊임없이 다른 사람과 자신을 비교하게 만들고, 자신의 행동과 마음을 계속 점검하고 비판하게 만든다. 이러한 생각들은 스스로에게 높은 기대와 압박을 가하며, 결국 자기 자신에 대한 불안과 불만을 키우는 원인이 된다.

그래서 우리는 자신을 있는 그대로 받아들이기보다는 늘 더 나아져야 한다는 부담 속에서 스스로를 평가하고 검열하는 삶을 살게 된다.

이때 진정한 '나'는 점점 희미해지고, 삶의 만족감은 줄어든다. 진정한 자아를 찾는 일은, 남들이 기대하는 모습에서 벗어나 지금의 나 자신을 있는 그대로 받아들이는 데서 시작된다. 진정한 나를 만나기 위한 첫걸음은 자기 성찰이다.

스스로에게 질문을 던지는 일은 단순한 사고의 반복이 아니다. 그것은 감정, 욕망, 관계 속에서 반복되는 패턴을 알아차리고, 그 안에서 자신이 진심으로 바라는 것이 무엇인지 들여다보는 일이다.

"나는 지금 무엇을 느끼는가?", "이 감정은 어디에서 비롯되었는가?", "나는 왜 이 행동을 선택했는가?"라는 질문은 단순하지만 강력한 자기 인식의 출발점이 된다.

진정한 자아를 발견하는 과정은 감정과 욕구를 억누르지 않고 존중하는 데서 비롯된다. 우리는 종종 '부정적인 감정'을 잘못된 것으로 치부하고 회피하려 한다.

하지만 분노, 슬픔, 두려움 같은 감정들도 나 자신을 이루는 중요한 일부이며, 그 속에는 내가 놓치고 있거나 알아차려야 할 중요한 메시지가 담겨 있다.

이러한 감정들은 단순히 피하거나 억누를 대상이 아니라, 내가 어떤 상황에서 무엇을 필요로 하는지, 혹은 내 마음이 어떻게 반응하고 있는지를 알려주는 신호이다.

따라서 이 감정들을 인정하고 주의를 기울일 때, 나는 나 자신을 더 깊이 이해하고 성장할 수 있다.

비폭력대화의 창시자 로젠버그는, 감정은 우리가 필요로 하는 것이 채워지지 않았다는 신호라고 말했다. 따라서 내 감정을 있는 그대로 인식하고, 그 안에 담긴 욕구를 살펴보는 것은 자신을 이해하고 돌보는 중요한 과정이다.

진정한 자아는 혼자만의 성찰로 완성되지 않는다. 인간은 관계적 존재이기에, 타인과의 만남 속에서 더욱 선명해진다.

그러나 이는 타인의 시선을 무조건 따르거나 인정받기 위한 관계 맺음이 아니라, 자신의 감정과 욕구를 솔직하게 표현하고 타인의 진심을 경청하는 관계를 통해 이루어진다.

진정성 있는 관계는 우리가 억눌렀던 감정을 회복시키고, 있는 그대로의 나를 받아들이는 데 큰 힘이 된다.

진정한 자아를 발견했다는 것은 어떤 완성된 상태에 도달했다는 뜻이 아니다. 오히려 그것은 시간이 지나면서 끊임없이 변하는 나 자신을 인정하고, 변화에 맞춰 유연하게 받아들이는 마음가짐을 의미한다.

지금의 나, 변화하고 있는 나, 때때로 흔들리는 나, 그 모든 모습을 인정할 수 있을 때 우리는 진정한 자기 자신으로 살아갈 수 있다. 그것은 남이 바라는 삶이 아닌, 내가 납득할 수 있는 삶이다.

'진정한 나'는 멀리 있지 않다. 그저 귀 기울이지 않았을 뿐이다. 내면의 목소리에 주의를 기울이고, 거짓 없는 감정과 욕구에 응답하는 매일의 실천이야말로 우리가 진정한 자아를 회복하는 첫걸음이다.

나만의 고유함을 존중하는 법

우리는 살아가며 자연스럽게 비교의 틀에 갇힌다. 학교에서, 가정에서, 사회에서 끊임없이 평가받고 비교당하며 자라온 탓이다. 잘하는 사람을 기준 삼아 그에 맞추려는 노력을 반복하다 보면, 어느새 우리는 점점 우리의 고유함을 잃어간다.

내가 좋아하는 것과 싫어하는 것, 편안함을 느끼는 환경과 불편함을 느끼는 상황 등은 모두 나라는 사람을 이루는 중요한 요소들이다. 이러한 감각과 감정들은 내가 누구인지 이해하는 데 있어 핵심적인 단서가 된다.

고유함은 단지 '특이하다'거나 '남들과 다르다'는 것을 의미하는 데 그치지 않는다. 그것은 다른 누구와도 바꿀 수 없는 '나만의 방식'과 '나만의 느낌'을 의미하며, 내가 어떤 사람인지 설명해 주는 중요한 단서가 된다.

그리고 그 고유함은 내가 무엇을 소중히 여기고, 왜 그런 방식으로 살아가려 하는지를 스스로 이해하는 데 있어 방향을 제시해 준다. 다시 말해, 고유함은 나의 정체성을 이루는 핵심이며, 나다운 삶을 가능하게 만드는 출발점이다.

그러나 우리는 종종 타인의 기준을 더 중요하게 여긴다. 누군가의 삶이 더 멋져 보이고, 어떤 방식이 더 정답처럼 보인다. 그래서 그와 같은 말투를 따라 하고, 비슷한 방식으로 감정을 표현하려 애쓰며, 익숙하지 않은 틀에 스스로를 끼워 맞춘다.

계속해서 타인의 기대에 맞추고 자신의 감정을 억누른 채 살아가다 보면, 어느 순간부터 내가 무엇을 좋아하고 무엇을 원했는지조차 알기 어려워진다.

그렇게 살다 보면 결국 '나는 어떤 사람인가', '무엇이 나를 나답게 만드는가'에 대한 감각이 희미해지고, 진정한 나의 모습조차 점점 멀어지게 된다.

비교는 나의 고유함을 지우며, 타인의 틀에 나를 끼워 맞추려는 시도다. 물론 때로는 비교를 통해 성장의 동기를 얻기도 하지만, 그것이 자기 부정으로 이어진다면 그 순간 우리는 자신을 잃는다.

진정한 성장은 단순히 타인의 말이나 행동을 그대로 따라 하는 데서 비롯되지 않는다. 남들이 잘하는 방식이나 사회가 바라는 모습을 흉내 내는 것은 일시적인 적응일 수는 있지만, 그것만으로는 깊이 있는 변화나 성장을 이끌어 내기 어렵다.

　오히려 중요한 것은 자신만의 속도와 감각, 삶의 방향을 존중하는 일이다.

　내면의 리듬에 귀 기울이고 그 흐름을 있는 그대로 받아들이며, 그것을 조금씩 확장해 나갈 때 우리는 비로소 자기다운 방식으로 성장할 수 있다.

　타인의 말투, 감정 표현 방식, 사고방식을 판단하지 않고, 있는 그대로 받아들이는 연습은 결국 나 자신의 고유함도 포용하게 만든다. 타인을 있는 그대로 인정할 수 있어야 나 자신도 그렇게 대할 수 있다.

　그 다름을 귀하게 여기는 문화 속에서야 비로소 진정한 자기 존중이 가능해진다. 그리고 그 안에서야 우리는 비로소 고유한 존재로서의 자존감을 회복할 수 있다.

　나만의 고유함을 존중한다는 것은 단순히 남들과 다르다는 점을 인정하는 데 그치지 않는다. 그것은 내가 느끼는 감정, 떠오르는 생각, 마음속의 욕구, 그리고 삶에서 중요하게 여기는 가치들을 억누르지 않고, 있는 그대로 바라보며 받아들이는 태도를 의미한다. 다시 말해, 나 자신을 있는 모습 그대로 수용하고, 내 안에 존재하는 다양한 요소들이 나를 이루는 중요한 일부임을 인정하는 것이다. 이러한 수용의 태도는 자기 자신과 깊이 연결될 수 있게 하며, 진정한 자존감과 자기 이해의 바탕이 된다.

때로는 남들과 다르게 느끼거나 다른 선택을 한다는 것이 낯설고 불안하게 느껴질 수 있다. 주변 사람들과 생각이나 행동이 다르면 외로움이나 혼란을 경험하기도 한다.

하지만 바로 그 '다름'이야말로 내가 진정한 나 자신으로 존재할 수 있게 하는 가장 중요한 부분이다. 남들과 똑같이 맞추는 것이 아니라, 나만의 고유한 모습과 생각을 인정하고 존중할 때 비로소 나는 나로서 온전해질 수 있다.

우리는 각자 다른 환경과 조건 속에서 태어나 자라왔으며, 그에 따라 각기 다른 경험과 생각을 가지고 살아간다. 사람마다 성장 배경과 문화, 가치관이 다르기 때문에 모두 자신만의 독특한 삶을 살아가고 있다. 이런 다양성이 바로 우리를 특별하게 만들며, 각자가 가진 고유한 이야기가 된다.

결국 이 다름은 결코 틀림이 아니며, 나만의 색깔이자 고유한 방식이다. 그 고유함을 존중할 수 있을 때, 우리는 비로소 누구의 모방도 아닌 '진짜 나'로 살아갈 수 있다.

세상과 조화를 이루는 태도

우리는 누구나 사회 속에서 다른 사람들과 더불어 살아간다. 사람은 결코 혼자서는 살아갈 수 없으며, 일상에서 마주치는 가족, 친구, 동료, 이웃 등 다양한 관계 속에서 서로 영향을 주고받는다.

이러한 관계와의 상호작용을 통해 우리는 우리 자신의 생각과 감정을 점차 이해하게 되고, 그 과정에서 '나'라는 존재의 모습도 조금씩 형성되어 간다.

다시 말해, 타인과의 관계는 단순한 외적인 만남이 아니라, 나 자신을 알아가고 성장하게 만드는 중요한 거울이 된다.

그만큼 우리 삶의 본질은 '관계' 속에 있다. 세상과 어떻게 관계를 맺고 살아갈 것인가는 인간으로서 성장하고 성숙하는 데 있어 핵심적인 물음이다.

세상과 조화를 이루는 태도는 단순히 주변과 충돌을 피하거나 모든 사람과 사이좋게 지내는 것을 뜻하지 않는다. 그것은 외부와 끊임없이 영향을 주고받는 가운데, 나답게 존재하면서도 타인과의 연결을 수용하는 삶의 방식이다.

조화를 이룬다는 말은 곧 '다름'을 이해하고 수용하는 데서 시작된다. 우리는 종종 '옳고 그름'이라는 이분법에 갇혀, 자신과 다른 의견이나 가치관을 위협으로 여긴다.

그러나 이 세상은 처음부터 단일한 목소리나 하나의 진리로만 이루어진 곳이 아니다. 사람마다 서로 다른 생각과 감정, 문화, 가치관, 그리고 살아온 경험을 지니고 있다.

이처럼 세상은 다양한 소리와 색깔, 그리고 수많은 신념이 어우러져 존재하는 곳이다. 이러한 다양성은 때로 혼란스럽게 느껴질 수도 있지만, 사실은 우리가 서로를 이해하고 함께 성장해 갈 수 있는 소중한 기반이 된다.

조화란 나만의 생각과 신념을 지키면서도, 다른 사람의 말과 입장을 열린 마음으로 받아들일 수 있는 태도이다. 내 의견이 아무리 옳다고 믿는다 해도, 세상에는 나와는 전혀 다른 관점과 삶의 방식이 존재한다.

그렇기에 내가 믿는 것이 언제나 옳은 것은 아니며, 그것만이 진리일 수는 없다. 중요한 것은 자신의 목소리를 잃지 않으면서도 타인의 말에 귀 기울이고, 그 다름을 인정하며 함께 살아가는 방식을 배워 가려는 자세이다.

　조화를 추구하는 삶이란, 내가 하고 싶은 말이나 생각만을 일방적으로 주장하기보다, 다른 사람과 어떻게 더 잘 어울려 살아갈 수 있을지 함께 고민하는 태도를 말한다.

　자신의 의견만을 고집하는 대신, 서로의 입장을 이해하고 조율하려는 노력을 통해 갈등을 줄이고 공감의 폭을 넓히려는 마음가짐이 그 중심에 있다. 그렇게 함으로써 우리는 단순한 타협이 아닌, 서로에게 도움이 되는 협력의 길을 찾아 나갈 수 있다. 조화는 바로 그 과정 속에서 자라난다.

　세상과 조화를 이루는 첫걸음은 '경청'이다. 진심 어린 경청은 상대를 있는 그대로 바라보고 받아들이는 태도이다. 우리는 흔히 말할 기회를 찾기 위해 듣는 척하거나, 머릿속으로 반박할 말을 준비하면서 상대의 이야기를 흘려보내곤 한다.

　그러나 진정한 경청은 타인의 말에 내 생각을 잠시 내려놓고, 마음으로 귀 기울이는 자세에서 비롯된다. 이렇게 경청할 수 있을 때, 우리는 서로의 다름 속에서도 공통점을 발견하게 된다. 이해의 가능성이 열리고, 서로의 신뢰가 싹튼다.

　조화로운 태도는 자기 자신과의 관계에서도 출발한다. 자신을 부정하거나 숨기려 할 때, 우리는 타인과의 관계에서도 긴장을 느끼고 방어적으로 반응하게 된다.

　반대로, 자기 자신을 존중하고 이해할 수 있을 때, 타인을 있는 그대로 받아들일 수 있는 여유가 생긴다. 자기와의 화해는 세상과의 화해를 위한 전제조건이다. 따라서 조화를 이루는 삶은 먼저 '나'라는 존재를 인정하고, 내가 지닌 감정과 욕구를 솔직히 바라보는 데서 시작된다.

또한 조화를 이루기 위해서는 갈등을 회피하기보다는 '건강하게 마주하는 법'을 배워야 한다. 갈등은 인간관계에서 피할 수 없는 요소이지만, 그것이 반드시 나쁜 것만은 아니다.

오히려 갈등은 서로 다른 입장을 조율하고 더 나은 방향으로 나아가는 기회가 될 수 있다. 중요한 것은 갈등을 다루는 태도이다. 비난하거나 방어하기보다, 자신의 감정과 욕구를 차분히 표현하고 상대의 입장에도 귀 기울이는 태도는 갈등을 파괴가 아닌 성장의 기회로 만든다.

조화를 이루는 삶은 '조용한 힘'을 지닌다. 그것은 크고 강하게 외치는 삶이 아니라, 부드럽고 단단한 삶이다. 타인을 바꾸려 애쓰기보다는, 나부터 조용히 변화함으로써 주변에 작은 울림을 만드는 삶이다.

세상의 무례함과 냉소 속에서도 친절을 유지하고, 정직과 공감을 잃지 않는 사람이 있다면, 그는 분명히 세상과 조화를 이루고 있는 사람이다.

세상과 조화를 이루는 삶은 매 순간의 선택 속에 숨어 있다. 누군가를 판단하기 전에 한 번 더 생각하는 것, 감정적으로 격하게 반응하기 전에 깊이 숨 쉬는 것, 불편한 대화 속에서도 진심을 지키려 애쓰는 것과 같은 태도들이 모여, 우리는 점차 더 따뜻하고 평화로운 삶으로 나아간다. 그것은 결코 이상적인 이론이 아니라, 일상 속에서 충분히 실현 가능한 실천의 길이다.

결국 조화를 이룬다는 것은 모든 사람이 똑같이 생각하고 행동하여 하나가 되려는 뜻이 아니다. 오히려 각자가 지닌 고유한 생각, 감정, 삶의 방식이 다르다는 사실을 인정하고, 그 차이를 존중하며 함께 살아가는 방법을 배우는 것을 의미한다.

다른 사람을 받아들이고, 서로의 다름 속에서 부딪히기보다는 이해와 배려를 통해 조화로운 관계를 만들어 가는 것, 이것이 진정한 조화의 의미이다.

우리는 서로 다르기에 삶은 풍성해지고, 서로 연결되어 있기에 인간답다. 조화롭게 산다는 것은 함께 살아감을 기억하고, 그 안에서 자신만의 길을 찾아가는 것이다.

존재의 의미를
삶의 방향으로 연결하기

우리는 살아가는 과정에서 누구나 한 번쯤 깊은 내면의 질문을 마주하게 된다. "나는 누구인가?"라는 질문은 나 자신의 정체성과 존재의 의미를 탐색하는 시작점이다.

"어떻게 살아야 하는가?"라는 질문은 올바른 삶의 방향과 가치를 고민하게 하는 질문이다. 또한 "나는 왜 이곳에 있는가?"라는 물음은 단순히 나의 현재 위치뿐만 아니라 인생 전체에 걸친 목적과 의미를 찾으려는 시도이다.

이런 질문들은 단순한 호기심을 넘어서, 우리 각자가 자신만의 삶의 길을 찾고, 나아가 진정한 자기 자신으로 성장하는 데 중요한 밑거름이 된다.

이 질문은 단순한 철학적 사색이 아니라, 매일 아침 눈을 뜨고 하루를 살아가는 사람이라면 피할 수 없는 실존적인 물음이다.

존재의 의미는 추상적인 개념으로 머무르지 않는다. 오히려 그것은 구체적인 삶의 방향, 선택, 그리고 관계 속에서 드러난다.

인간은 단순히 생존하는 존재가 아니다. 욕구를 채우고 쾌락을 추구하는 것만으로는 삶의 공허함을 메울 수 없다. 우리 안에는 '이 삶이 의미 있어야 한다'는 깊은 갈망이 자리 잡고 있다. 그리고 그 의미는 밖에서 주어지는 것이 아니라, 스스로 만들어가고 발견하는 것이다.

존재의 의미를 찾는 여정은 과거를 돌아보고, 현재를 바라보며, 미래를 향해 나아가는 과정이다. 이 여정에는 종종 고통과 혼란이 따르지만, 그것을 회피하지 않고 정면으로 마주할 때 우리는 비로소 진짜 자신의 목소리를 들을 수 있다.

예를 들어, 실패의 순간은 무가치함이 아니라 성찰과 재정립의 기회가 될 수 있다. 좌절은 삶의 방향을 다시 점검하게 하고, 일상의 반복 속에서도 스스로에게 묻는 질문은 삶을 더욱 진실하게 만든다.

삶의 방향을 설정한다는 것은 단지 목표를 세우고 성취하는 것을 의미하지 않는다. 그것은 자신의 삶의 중심을 무엇으로 삼을 것인가에 대한 결정이다.

어떤 사람은 관계 속에서 존재의 의미를 찾고, 어떤 사람은 창조와 기여를 통해 자신을 정의한다.

중요한 것은 외부의 기준이나 비교가 아니라, 자신에게 진실한 기준을 세우는 일이다. '내가 정말로 소중히 여기는 가치는 무엇인가?', '나는 어떤 순간에 살아 있음을 느끼는가?'라는 물음에 귀 기울이는 것에서 출발한다.

존재의 의미는 고정된 개념이 아니다. 그것은 삶의 흐름 속에서 끊임없이 새롭게 만들어진다. 어떤 사람에게는 부모가 되는 경험이, 또 다른 사람에게는 병을 극복하는 과정이 새로운 방향의 전환점이 되기도 한다.

사람은 인생의 여러 시기를 지나면서 그때그때 중요하게 생각하는 관심사나 맡게 되는 책임, 그리고 역할이 달라진다. 그에 따라 '내가 누구인지', '왜 존재하는지'에 대한 의미도 고정되어 있는 것이 아니라, 끊임없이 변화하고 새롭게 구성된다.

그렇기에 삶의 방향 또한 하나로 정해진 길이나 틀에 갇히기보다는, 상황과 경험에 따라 유연하게 조정될 수 있어야 한다. 삶의 방향은 마치 질문을 던지고 답을 찾아가는 과정이며, 그것은 언제나 변화하고 성장하는 '살아 있는 질문'에 더 가깝다.

'존재의 의미'를 삶과 연결하는 사람은 흔들릴 수는 있어도 쉽게 무너지지 않는다. 그들에게 삶은 단지 어떤 목적을 달성하는 일이 아니라, 의미를 창조하고 실현하는 과정이다.

그리고 그 의미는 일상의 작은 실천 속에서 더욱 깊어진다. 누군가의 말을 끝까지 들어주는 태도, 하루를 마무리하며 자신을 돌아보는 시간, 더 나은 방향으로 나아가려는 작고도 단단한 의지 등이 우리의 존재에 무게를 더해 준다.

결국 '존재의 의미'란 머릿속에서만 이루어지는 추상적인 철학이나 어려운 개념에 머무르는 것이 아니다. 그것은 우리가 매일 어떤 선택을 하며 살아가고, 어떤 마음으로 사람을 대하며 삶의 순간들을 마주하는 태도 속에서 드러난다.

존재의 의미는 특별한 순간에만 나타나는 것이 아니라, 일상의 행동과 태도, 관계와 책임 속에서 끊임없이 살아 움직이며 표현된다. 다시 말해, 존재의 의미는 삶과 분리된 철학이 아니라, 지금 이 순간 우리가 어떻게 살아가고자 하느냐에 따라 스스로 빛나는 삶의 힘이다.

우리는 존재의 의미를 발견함으로써 방향을 세우고, 그 방향 속에서 다시 의미를 재발견한다. 이 순환은 단조로운 반복이 아니라, 점점 더 깊어지는 나 자신과의 연결이다. 삶은 그 자체로 길이고, 존재는 그 길을 걸어가는 우리 자신이다.

6장

존재와 삶의 자세

자기 질문의 힘:
"어떻게 살 것인가?"

우리는 하루에도 여러 번 자신에게 무엇을 해야 할지를 묻는다. 해야 할 일을 떠올리고, 미래의 계획을 세우며, 성과와 결과에 집중하면서 하루를 살아간다.

이러한 흐름 속에서 우리의 사고방식은 자연스럽게 할 일과 성취를 중심으로 형성된다.

그러나 이러한 '무엇을 할 것인가'라는 질문만으로는 삶이라는 복잡하고 섬세한 여정을 온전히 담아내기 어렵다. 때로는 더 본질적인 질문, '어떻게 살 것인가', 혹은 '어떻게 있을 것인가'를 던질 필요가 있다.

'어떻게 살 것인가'라는 질문은 단순히 자세나 태도만을 묻는 것이 아니다. 이는 우리가 어떤 방식으로 살아갈 것인지, 그리고 그 삶에 어떤 품격을 담을 것인지를 되묻는 깊은 질문이다.

이 질문은 우리가 어떤 마음으로 이 세상에 존재하는지를 되돌아보게 만든다. 우리의 내면 상태와 밀접하게 연결된 이 물음은 겉으로 드러나는 행동 이전에 자리한 마음가짐을 성찰하게 한다.

또한 우리가 주고받는 말뿐 아니라, 말과 말 사이에 흐르는 침묵 속에 담긴 감정과 욕구까지도 바라보게 한다. 그렇게 형성된 감정과 태도는 결국 우리의 존재 방식을 구성하며, 우리가 어떤 사람으로 살아가고 있는지를 끊임없이 되묻게 한다.

예컨대, 같은 상황에서도 어떤 이는 불안 속에서 조급하게 반응하고, 다른 이는 차분히 머무르며 받아들인다. 그들의 행동은 물론, 존재하는 방식 자체가 다르다.

이러한 존재의 방식을 점검하는 질문은 특히 관계 속에서 더욱 빛을 발한다. 타인과 마주할 때 우리는 쉽게 평가하거나 해석하려는 경향을 보인다.

그러나 '어떻게 살 것인가'라는 질문을 스스로에게 던지면, 우리는 타인의 말이나 행동보다 내 안에서 일어나는 감정과 반응을 먼저 들여다보게 된다. 상대방을 바꾸기보다는 나 자신의 마음 상태를 차분히 살펴보고, 그 상황에서 선택할 수 있는 태도를 스스로 조율하게 된다.

비폭력대화의 창시자 로젠버그는 "진정한 대화는 말의 기술이 아니라 존재의 방식에서 출발한다"고 강조했다. 다시 말해, 우리가 어떤 말을 하는가보다 더 중요한 것은, 그 말을 건네는 순간의 나의 마음 상태와 태도다.

'어떻게 살 것인가'라는 질문은 또한 일상에서 자주 간과되는 '존재의 시간'을 회복하게 해준다. 우리는 늘 '해야 할 일'에 쫓기며 '스스로를 돌보며 성장하는 일'을 미뤄두기 쉽다.

하지만 '어떻게 살 것인가'를 묻는 순간, 성취의 흐름에서 잠시 벗어나 현재의 나를 바라보게 된다. 그것은 마치 바쁘게 달리던 길을 멈추고, 지금 내가 어디쯤 와 있는지를 살펴보는 일과 같다.

이 질문을 자주 던질수록 우리는 삶을 조절하거나 통제하려는 강박에서 벗어나, 있는 그대로의 삶을 수용하며 함께 호흡할 수 있게 된다.

이 질문은 때때로 우리에게 불편함을 준다. 이는 '무엇을 해야 할지'보다 '어떻게 살아야 할지'가 더 어렵다는 것을 자주 느끼기 때문이다. 어떤 일을 할지 결정하는 것은 비교적 쉽지만, 그 일을 어떻게 할지는 우리의 감정, 성격, 가치관, 경험이 모두 영향을 미치기 때문에 더 복잡한 문제이다.

그렇기에 이 질문은 차분히 마주할 수 있는 용기를 요구한다. 있는 그대로의 자신을 마주하고, 불완전함을 인정하며, 그럼에도 진실되게 존재하려는 노력이 필요하다.

'어떻게 살 것인가'는 결국 삶의 질과 연결된 질문이다. 그것은

'좋은 삶'이란 무엇인가에 대한 물음이며, 삶의 순간순간에 대한 태도이자 선택이다.

이 질문을 삶의 가장 중요한 부분으로 생각하는 사람은 자신을 더 깊이 돌아보고, 더 온전한 모습으로 살며, 다른 사람들과 더 의미 있는 관계를 맺으며 살아간다. 이것은 자신과 타인, 그리고 세상과의 관계를 더욱 깊이 있게 살아가는 길이기도 하다.

우리의 삶은 행동으로 가득하지만, 그 행동을 지탱하는 것은 '존재의 방식'이다. 그러므로 하루의 끝에 이렇게 물어보는 연습을 해보자.

"나는 오늘 어떻게 살았는가?"

이 질문은 단순한 회상이 아니라, 다음 하루를 더 깊고 따뜻하게 살아가게 해주는 출발점이 될 것이다.

삶에 대한 태도의
변화와 성장

삶은 매일 우리를 시험하고 변화시킨다. 어떤 날은 고요하고 평화롭지만, 또 어떤 날은 이유 없는 슬픔과 무기력에 휘둘릴 때도 있다. 이러한 시간들을 지나며 우리는 삶을 대하는 태도에 대해 자주 질문하게 된다. "나는 지금 어떤 시선으로 삶을 바라보고 있는가? 내 생각과 감정은 나를 어떤 방향으로 이끌고 있는가?"

삶에 대한 태도는 단순히 어떤 생각을 갖고 있는지를 넘어, 매일의 행동과 선택을 이끄는 중심축이 된다. 우리는 어떤 상황에서도 어떻게 반응하고 어떤 결정을 내릴지를 결정할 때, 이러한 삶의 태도에 크게 영향을 받는다.

이 태도는 말과 행동에 자연스럽게 스며들어 일상 전반에 영향을 미치며, 시간이 흐름에 따라 내가 어떤 사람으로 성장해 갈지를 결정짓는 중요한 기반이 된다. 다시 말해, 삶에 대한 태도는 내가 만들어가는 삶의 방향과 깊이를 정하는 내면의 뿌리와도 같다.

처음부터 삶을 깊이 이해하고 사랑하는 사람은 드물다. 대부분의 사람은 시행착오를 겪으며 자신의 관점과 방식을 조금씩 조정해 나간다. 이러한 조정의 과정을 통해 우리는 성장하게 된다.

어떤 사람은 어려움을 원망하며 고통 속에 머무르고, 또 다른 사람은 같은 상황 속에서도 배움의 실마리를 발견한다. 바로 이 태도의 차이가 결국 전혀 다른 삶의 결로 이어진다.

어린 시절의 우리는 세상을 있는 그대로 받아들이기보다는 주어진 환경에 반응하는 데 더 익숙하다. 우리는 부모의 태도, 사회의 기준, 학교의 규칙 속에서 '이래야 한다'는 관념을 익히고, 그것에 맞추려 애쓴다. 그 과정에서 생긴 내면의 긴장은 종종 억눌린 감정과 왜곡된 자아로 남는다. 성인이 되어서는 그것이 나 자신이라고 착각한 채 살아가기도 한다.

하지만 인생은 결코 한결같지 않다. 관계에서의 좌절, 진로에 대한 혼란, 상실과 아픔은 결국 우리에게 묻는다. "지금 이대로 괜찮은가? 나는 누구이며, 어떻게 살아가고 싶은가?" 이 질문은 삶의 전환점이며, 삶에 대한 태도의 변화가 시작되는 지점이기도 하다.

삶에 대한 태도는 대부분 조용하게, 그러나 분명하게 변화하기 시작한다. 더 이상 외부의 기대에 맞추기보다는, 자신의 내면의 소리에 귀 기울이려는 마음이 생긴다.

또한 실패와 고통을 부정하지 않고, 그것들이 전해주는 메시지를 이해해 보려는 용기를 낸다. 성장은 바로 이 순간부터 시작된다. 우리가 더 이상 삶을 '통제의 대상'이 아니라 '함께 걸어가는 동반자'로 여기게 될 때, 진정한 변화가 시작된다.

삶에 대한 태도가 달라지면 세상이 전혀 다르게 보이기 시작한다. 예전에는 불편하게만 느껴지던 일이 더 이상 우리를 휘두르지 않게 되며, 불확실한 미래 역시 반드시 두렵게만 다가오지는 않는다.

우리는 감정의 흐름을 조금 더 느긋하게 바라볼 수 있게 된다. 어떤 감정이든 그 나름의 이유가 있으며, 그것조차 나의 일부임을 인정하게 된다.

또한 성숙한 태도는 인간관계 속에서도 자연스럽게 드러난다. 사람을 '맞고 틀림'의 잣대로 판단하기보다는, 각자의 삶과 배경을 이해하려는 시도가 깊어진다.

이와 같은 변화는 타인과의 연결 방식을 바꾸며, 더 깊은 공감과 존중의 기반이 된다. 결국 삶에 대한 태도는 '나'에 대한 태도이자, '세상'에 대한 태도이기도 하다.

성장이란 과거의 나를 부정하는 것이 아니라, 그 모든 시간을 끌어안고 지금의 나로 온전히 서는 일이다. 우리는 때로 실수하고, 망설이며, 주저하지만 그 모든 과정은 하나의 방향을 가리킨다.

그 방향은 더 충만하게 존재하려는 의지이며, 더 나은 사람이 되려는 마음이며, 더 깊은 삶을 살아가려는 열망이다. 이 모든 것이 모여 삶을 조금씩 변화시킨다.

삶에 대한 태도를 바꾸는 일은 단숨에 이루어지는 변화가 아니다. 그것은 매일의 선택이며, 반복되는 성찰의 결과이다.

우리는 감정을 들여다보고, 생각을 다시 정리하고, 관계 속에서 나의 반응을 되돌아보는 노력을 통해 자신을 성장시켜 나간다. 이러한 조용하지만 분명한 노력은 결국 삶을 바꾸는 힘이 된다.

살아간다는 것은 결국 스스로 삶의 의미를 만들어가는 여정이다. 그리고 그 의미는 삶을 어떻게 바라보고, 어떻게 반응하며, 어떤 방식으로 존재하느냐에 따라 달라진다.

삶에 대한 태도가 바뀌면 삶의 방향이 달라지고, 방향이 바뀌면 마주하게 되는 삶의 풍경 역시 달라진다. 우리는 그렇게, 조금씩 더 나은 삶으로 걸어간다.

타인과의 관계 속에서
존중과 배려

　인간은 홀로 존재하지 않는다. 우리는 태어나는 순간부터 수많은 관계 속에 놓이며, 그 관계는 성장과 삶의 방향에 깊은 영향을 미친다. 가족, 친구, 학교, 직장 등 크고 작은 공동체 속에서 우리는 서로 얽히고 부딪히며 살아간다.

　타인과의 관계는 때로 기쁨과 위안을 주지만, 때로는 상처와 오해의 원인이 되기도 한다. 그렇기에 인간관계에서 중요한 것은 단순히 잘 지내는 것이 아니라, 서로를 존중하고 배려하는 태도를 어떻게 실천하느냐에 달려 있다.

　존중이란 상대를 이상화하거나 평가하는 것이 아니라, 그 사람의 존재 자체를 있는 그대로 인정하는 태도다. 우리는 종종 타인을 내 기준에 따라 판단하고, 그 기대에 맞지 않으면 실망하거나 쉽게 평가해 버리곤 한다.

그러나 진정한 존중은 '나와 다르다'는 사실을 있는 그대로 받아들이는 데서 시작된다. 누군가의 의견이 나와 다를 때, 그것을 틀렸다고 여기기보다는 다른 관점을 가진 또 하나의 삶으로 이해하려 할 때, 존중이 가능해진다.

존중은 단지 예의 바른 말투나 형식적인 태도가 아니다. 그것은 상대가 나와 똑같이 소중한 존재라는 깊은 인식에서 비롯된 태도이며, 그 인식은 관계의 본질을 바꾸는 힘이 있다.

배려는 타인의 처지를 상상하고, 그 마음을 헤아려 행동하는 능력이다. 상대방의 말투나 표정, 상황을 세심하게 관찰하고, 무엇이 그를 불편하게 하거나 힘들게 하는지를 민감하게 감지하는 것이 배려의 출발점이다.

배려는 거창한 행동이 아니다. 말 한마디를 더 천천히 꺼내고, 상대의 이야기를 끝까지 들어주는 것, 바쁜 상황에서도 짧은 안부를 전하는 것, 때로는 한 발 물러나 공간을 내어주는 것과 같은 작고 섬세한 행동들이 쌓일 때, 사람 사이에는 따뜻한 신뢰와 연결감이 자라난다.

존중과 배려는 말보다 경청을 통해 더 깊이 전달된다. 상대의 말을 끊지 않고 끝까지 들어주려는 마음, 말 속에 담긴 감정과 맥락을 이해하려는 자세는 단순한 대화 이상의 대단한 힘을 가진다.

요즘처럼 빠르게 반응하고 자기주장을 앞세우는 문화 속에서는, 누군가의 말을 차분히 듣고 그 마음에 귀 기울이는 일이 점점 더 드물어지고 있다.

많은 사람들이 자신의 생각을 말하고 관철하는 데 집중하느라, 정작 상대의 말 속에 담긴 진심이나 맥락을 놓치는 경우가 많다.

그래서 오늘날의 경청은 단순한 말의 예절을 넘어, 타인의 존재를 존중하고 진심을 이해하려는 성숙한 태도로 여겨진다. 자신의 의견만을 내세우기보다, 다른 사람의 말에 귀 기울이고 마음을 나누려는 자세야말로, 우리가 함께 살아가는 사회에서 반드시 실천해야 할 소중한 삶의 태도다.

경청은 그저 조용히 있는 것이 아니다. 그것은 "나는 당신을 주의 깊게 보고 있으며, 당신의 말에 의미를 두고 있다"는 메시지를 비언어적으로 전달하는 일이다. 때로는 말보다 더 깊은 존중과 배려를 담아낼 수 있는 방식이다.

갈등은 대부분 '다름'을 인정하지 못하는 데서 비롯된다. 우리는 종종 상대가 나처럼 행동하길 바라고, 나처럼 생각하길 기대한다. 그러나 각자의 삶은 저마다의 환경과 시간 속에서 만들어졌기에, 똑같을 수 없다.

오히려 관계의 풍요로움은 서로 같음이 아니라, 서로의 다름에서 비롯된다. 모든 사람이 나와 같은 생각을 하고 비슷한 방식으로 행동한다면, 관계는 단조롭고 얕을 수밖에 없다.

반면, 서로 다른 생각과 표현, 반응을 가진 사람들이 만났을 때 우리는 더 넓은 시야와 깊은 이해를 경험할 수 있다. 상대의 말과 행동이 나와 다를 때, 그 차이를 없애려 하기보다 왜 그런 말과 행동을 했는지 이해하려는 노력이 필요하다.

다름을 있는 그대로 받아들이고, 함께 살아가는 방법을 고민할 때 비로소 관계는 깊어지고, 삶은 더욱 풍요로워진다.

존중과 배려는 바로 이 지점에서 진가를 발휘한다. 우리가 타인의 관점과 삶의 방식을 받아들일 수 있을 때, 관계는 경쟁이 아닌 협력의 장으로 변한다.

타인을 존중하고 배려하는 태도는, 궁극적으로 자기 자신에 대한 존중과도 깊이 연결되어 있다. 자신을 소중히 여기지 못하는 사람은 타인을 존중하기 어렵고, 스스로를 지나치게 희생하는 사람은 타인을 제대로 배려하지 못한다.

건강한 관계는 '나'와 '너'가 각각 자율성을 가진 존재로서 연결되는 것이다. 내가 나의 감정과 욕구를 존중하듯, 타인의 감정과 욕구도 존중하는 태도야말로 균형 있는 관계를 가능하게 한다.

개인의 태도 변화는 곧 사회의 변화를 이끈다. 존중과 배려가 개인 간의 관계를 넘어 학교, 직장, 지역사회에 확산될 때, 공동체는 더 따뜻하고 안전한 공간이 된다.

비난보다 이해가 먼저이고, 경쟁보다 협력이 우선일 때, 사람들은 서로를 신뢰할 수 있다. 이런 사회는 누군가를 밀어내지 않고, 각자의 목소리가 들릴 수 있는 공간을 만들어낸다.

결국 존중과 배려는 단지 예절의 문제가 아니라, 우리가 어떤 사회를 함께 만들어갈 것인가에 대한 대답이기도 하다.

타인과의 관계는 늘 예측할 수 없고, 때로는 피로감을 주기도 한다. 그러나 그 안에서 존중과 배려의 태도를 지켜나갈 때, 우리는 서로에게 더 따뜻하고 의미 있는 존재가 된다. 이는 단지 인간관계의 기술이 아니라, 삶의 근본적인 자세다.

결국 타인을 있는 그대로 바라보고, 그 말과 감정에 진심으로 귀 기울이며 함께 살아가려는 태도야말로, 우리가 인간답게 살아가는 길이다.

상대를 바꾸기보다 이해하려 하고, 판단하기보다 공감하려는 마음이야말로 관계를 따뜻하게 만들고, 우리 모두가 더 나은 사회를 만들어 가는 출발점이 된다.

성숙한 존재로서의
책임감과 자유

　인간은 자유를 갈망한다. 선택할 수 있는 권리, 스스로 결정할 수 있는 능력, 그리고 그 결정의 결과를 체험하며 성장할 수 있는 가능성—이 모든 것이 자유의 매혹적인 측면이다.
　동시에 우리는 책임을 요구받는다. 하루하루의 작은 약속부터 공동체 전체에 영향을 미치는 결정까지, 자유로운 선택에는 언제나 책임이 따른다.
　자유와 책임은 언뜻 보기에는 서로 충돌하는 개념처럼 보일 수 있다. 자유는 하고 싶은 대로 선택하고 행동할 수 있는 권리이고, 책임은 그 선택에 따르는 결과를 감당해야 하는 의무이기 때문이다.
　그래서 사람들은 종종 자유를 누리고 싶어 하면서도, 그에 따른 책임은 피하고 싶어 하곤 한다. 그러나 진정한 자유는 책임이

따를 때 비로소 완전해진다. 자신이 한 선택에 책임질 줄 아는 사람만이 자유를 제대로 누릴 수 있기 때문이다.

이런 점에서 자유와 책임은 서로를 제약하는 것이 아니라, 서로를 완성하는 하나의 짝이다. 성숙이란 바로 이 두 가치를 균형 있게 받아들이고, 삶 속에서 조화롭게 실천해 나가는 과정이라 할 수 있다.

우리는 어린 시절부터 자유를 맛보면서 동시에 책임의 무게를 배워 간다. 부모가 정해 준 규칙에서 벗어나고 싶어 하면서도, 그 규칙이 결국 나를 보호한다는 사실을 뒤늦게 깨닫는 순간이 있다.

학창 시절에는 스스로 시간표를 짜는 일이 자유처럼 느껴지지만, 그 결과가 성적과 미래에 직결된다는 사실 앞에서 책임의 무게를 절감한다.

이런 경험은 우리에게 중요한 사실 하나를 깨닫게 해준다. 자유란 단순히 하고 싶은 대로 행동하는 것이 아니라, 그 선택에 따른 결과까지 기꺼이 감당하려는 책임 있는 태도를 뜻한다.

성숙한 존재는 자유를 단지 권리로만 여기지 않는다. 그는 자유를 가능성으로 이해한다. 가능성은 방향을 필요로 하며, 그 방향은 가치관과 신념, 그리고 사회적 맥락 속에서 형성된다.

내가 가진 자유가 다른 이의 자유와 충돌할 때, 성숙한 사람은 자신의 선택을 다시 들여다본다. 나의 자유가 타인의 권리를 침해하지는 않는지, 공동체의 지속 가능성을 해치지는 않는지 숙고한다. 이런 자각이 바로 책임감이다.

책임감은 단지 의무를 다하는 소극적 태도에 머물지 않는다. 그것은 능동적으로 '더 나은 결과를 향해 행동할 줄 아는 힘'이다.

회사에서 맡은 프로젝트가 실패했을 때, 책임감 있는 사람은 변명보다는 해법을 찾고, 실패 속에서 배우려 한다. 그 과정에서 자유는 다시 확장된다. 왜냐하면 책임 있게 배운 사람만이 더 큰 자유—즉, 더 큰 기회와 신뢰—를 부여받을 수 있기 때문이다.

자유와 책임의 균형은 개인의 내면에서 시작되지만, 결국 타인과의 관계 속에서 검증된다. 약속 시간을 지키는 일, 다른 사람의 의견을 경청하고 조율하는 일, 사회적 규범을 존중하면서도 변화가 필요할 때는 목소리를 내는 일—이러한 사소해 보이는 행동들이 쌓여 공동체의 신뢰를 만든다.

신뢰는 개인에게 더 큰 자유를 허락한다. 신뢰받는 사람은 감시나 통제 없이도 자신의 선택을 자유롭게 할 수 있기 때문이다. 이는 마치 나무가 땅속 깊이 뿌리를 단단히 내려야 바람에 흔들리지 않고 위로 더 넓게 가지를 뻗을 수 있는 것과 같다.

신뢰라는 든든한 기반이 있을 때, 우리는 더 멀리 보고, 더 넓게 생각하며 진정한 자유를 누릴 수 있다.

그렇다면 우리는 어떻게 자유와 책임을 조화롭게 실천할 수 있을까? 첫째, 자기 성찰이 필요하다. 선택의 순간마다 '왜'라는 질문을 던짐으로써, 우리는 충동과 욕망을 넘어서 더 깊은 가치와 연결된다.

둘째, 지속적인 학습이 중요하다. 책임감은 상황을 정확히 파악하고 문제를 해결할 수 있는 지식을 요구한다. 마지막으로, 관계적 감수성을 길러야 한다. 나의 선택이 미치는 파장을 헤아리는 능력은 책임의 범위를 공동체로 확장시킨다.

자유와 책임이 어우러진 삶은 결코 가볍지 않다. 하지만 그 무게는 우리를 짓누르기 위한 것이 아니라, 삶의 중심을 잡아주는 도구다. 우리는 그 무게를 견디며, 조금씩 자신의 깊이를 확장해 나간다.

마침내 우리는 깨닫게 된다. 진정한 자유는 책임에서 도망칠 때가 아니라, 책임을 껴안고 걸어갈 때 비로소 완성된다는 사실을 말이다. 그리고 그 길을 걸어가는 동안 우리는 조금씩 더 성숙한 존재로 성장한다.

일상에서 실천하는 존재의 자세

 우리는 매일 무수한 선택 속에서 살아간다. 무엇을 먹을지, 누구와 대화할지, 어떤 말을 할지, 어떤 감정을 품을지를 결정하는 크고 작은 순간들이 반복된다.
 이러한 순간들은 단지 행동의 차원을 넘어 '어떻게 존재할 것인가'라는 근본적인 질문과 맞닿아 있다. 존재는 추상적인 개념이 아니다. 그것은 우리가 하루하루를 어떻게 살아내는지에 따라 구체화되고 드러나는 실천의 형식이다.
 존재의 실천은 과거나 미래가 아닌 오직 지금 이 순간에서만 가능하다. 우리가 현재에 집중하지 못하고 끊임없이 지나간 일이나 앞으로 벌어질 일에만 마음을 빼앗긴다면, 존재는 언제나 부재할 수밖에 없다.
 일상의 순간들, 이를테면 물을 마시는 일, 길을 걷는 일, 누군가와 마주 앉아 있는 일에는 생생한 감각과 의미가 깃들어 있다. 이 감각을 자각하고 받아들일 수 있을 때, 삶은 비로소 깊이를 갖는다.

"나는 지금 어떤 마음으로 이 자리에 있는가?", "내가 하는 이 말은 진심인가?", "나는 어떤 존재로 머무르고 있는가?"와 같은 질문을 스스로에게 던지는 습관은 존재에 대한 자각을 높인다.

우리는 아침에 눈을 뜨고, 해야 할 일들을 기계처럼 반복하며 하루를 보낸다. 그러다 보면 내가 지금 어떤 마음으로 살아가고 있는지, 무엇을 느끼는지조차 잊은 채 지낼 때가 많다. 마치 자동으로 움직이는 기계처럼, 나 자신을 돌보거나 들여다볼 틈 없이 하루가 흘러가 버리는 것이다.

존재를 실천한다는 것은 무심하게 흘러보내던 순간들에서 깨어나, 의식적으로 자신을 돌아보고자 하는 의지에서 시작된다. 나 자신에게 끊임없이 질문을 던지는 과정은 자기 인식의 문을 여는 열쇠가 되고, 그 문을 지나면 보다 진실되고 의미 있는 삶이 우리를 기다리고 있다.

존재는 혼자서는 완결되지 않는다. 우리는 관계 속에서, 타인의 눈길과 언어, 침묵과 공감 속에서 우리 존재의 결을 발견한다. 일상에서 존재를 실천한다는 것은 타인을 단순한 도구나 배경이 아닌, 그 자체로 고유한 존재로 바라보는 일이다.

누군가에게 진심으로 귀 기울이고, 그의 감정과 경험을 공감하려는 태도는 곧 나 자신을 더 성숙하게 만들어준다. 관계의 장에서 존재는 서로를 비추는 거울이 된다.

존재는 거창한 명분 속에 있는 것이 아니라, 사소한 일상적 행위 속에 드러난다. 예를 들어, 쓰레기를 버릴 때 책임감을 갖는 일, 늦은 밤 퇴근하는 동료에게 따뜻한 인사를 건네는 일, 자기 전에 하루를 조용히 되돌아보는 일은 단지 예절이나 습관이 아니라, 삶을 대하는 나의 태도를 보여주는 실천이다.

철학은 단지 책 속에 머무는 지식이나 추상적인 개념에 그치지 않는다. 철학은 삶 속에서 직접 실천되고, 일상의 선택과 태도에 반영될 때 비로소 진정한 의미를 갖는다.

우리가 어떻게 말하고, 어떻게 행동하며, 어떤 가치를 지향하면서 살아가느냐에 따라 철학은 살아 있는 사유로 구체화된다. 생각이 삶이 되는 순간, 철학은 머리가 아니라 삶으로 말하게 된다.

때로 우리는 무기력에 빠지거나 삶의 의미를 의심하게 된다. 그런 순간에도 존재는 멈추지 않는다. 중요한 것은 그 무기력조차 무시하거나 억누르지 않고, 그것을 있는 그대로 바라보는 용기이다.

"지금 이 감정은 어디서 오는가?", "나는 무엇을 외면하고 있는가?"와 같은 성찰의 질문은 무기력을 통해 새로운 존재의 단서를 발견하게 해준다.

존재의 실천이란 언제나 강하고 빛나는 모습을 보이는 것이 아니라, 약하고 혼란스러울 때에도 진심으로 자신을 지키며 살아가려는 태도이다.

존재를 실천한다는 것은 특별한 사건이나 단발적인 결심이 아니라, 반복되고 지속되는 삶의 태도이다. 매일 아침 눈을 뜨며 하루를 시작할 때, 반복되는 일상 속에서도 '내가 어떤 사람으로 존재할 것인가'를 의식하는 것이 중요하다.

우리는 흔히 거창한 변화나 특별한 계기를 통해 삶이 달라질 것이라고 생각하지만, 실제로 우리의 존재를 이루는 것은 매일 반복되는 작고 평범한 실천이다.

아침에 일어나는 시간, 타인을 대하는 태도, 실수 앞에서 보이는 반응처럼 사소해 보이는 선택들이 차곡차곡 쌓여 나를 구성한다.

그렇게 일상의 작은 실천들이 쌓여 갈 때, 우리는 점차 내면이 단단해지고 삶에 대한 태도도 한층 성숙해진다. 결국 하루하루의 선택과 자세가 쌓이고, 그 모든 순간이 모여 '지금의 나'를 만들어 간다.

우리는 자연, 타인, 시간, 공간과 연결되어 있다. 존재의 실천은 나의 이익만을 위한 선택이 아닌, 이 연결 속에서 어떤 균형과 조화를 이룰지를 묻는 삶의 방식이다.

나무 한 그루를 바라보며 계절의 흐름을 느끼고, 가족과의 대화 속에서 감사함을 되새기며, 사회의 이슈 앞에서 내가 어떤 입장을 갖는지를 돌아보는 것 등은 존재를 더 넓은 세계 속에 놓는 실천이다. 존재는 고립이 아니라 관계 속에서 성숙한다.

존재의 실천은 결국 '사랑'이라는 감정과 연결된다. 여기서 말하는 사랑은 감정으로서의 사랑이라기보다, 타인의 고통에 응답하고, 자신의 삶을 진실하게 마주하며, 세계와 평화롭게 연결되려는 마음이다.

사랑은 존재의 가장 깊은 차원에서 나오는 힘이며, 그것이 실천될 때 삶은 단순한 생존이 아닌, 의미 있는 여정이 된다.

결국, 일상에서 실천하는 존재의 자세는 특별한 기술이 아니다. 그것은 지금 이 순간, 나와 타인, 세계를 향해 어떤 태도로 살아갈지를 선택하는 반복적인 실천이다.

거창하지 않지만 분명한 이 길 위에서 우리는 조금씩 더 나답고 단단한 존재가 되어 간다. 그리고 그 존재의 울림은 결국 주변과 세계를 조용히 변화시키는 씨앗이 된다.

평범한 순간에서 존재를 느끼는 법

우리는 대부분의 시간을 '평범함' 속에서 보낸다. 별일 없는 하루와 늘 하던 일상, 익숙한 사람들과의 반복된 대화 속에서 살아간다.

그러나 이런 평범함은 단순히 지루하고 반복적인 일상만을 의미하지 않는다. 겉보기에는 특별할 것 없어 보이지만, 그 속에는 우리가 누구이며, 어떻게 살아가고 있는지를 보여 주는 깊은 의미가 담겨 있다.

반복되는 하루하루 속에서, 우리는 자신의 성향과 습관, 그리고 삶에 대한 태도를 자연스럽게 드러낸다. 결국, 이 평범한 일상은 우리 존재의 참된 뿌리를 이루며, 삶을 지탱하는 근본이 되어 준다.

존재를 느끼는 법은 멀리 있지 않다. 거창하거나 극적인 사건이 아니라, 바로 지금 이 순간의 숨결을 느끼는 태도에서 시작된다.

존재를 느끼는 법은 거창하거나 극적인 사건 속에서만 찾아오는 것이 아니다. 오히려 존재를 깊이 느끼는 순간은 바로 지금 이 자리, 이 순간의 숨결을 의식하고 들여다보려는 태도에서 비롯된다.

가만히 앉아 자신의 호흡에 집중하거나, 햇살이 스치는 느낌을 천천히 받아들이는 그 짧은 찰나에도 우리는 '살아 있음'을 경험할 수 있다. 결국 존재를 느끼는 법이란 일상 속 사소한 순간을 놓치지 않고, 깨어 있는 마음으로 마주하는 데서 시작된다.

존재란 단지 '살아 있음'만을 뜻하지 않는다. 삶을 자각하며 살아가는 방식, 다시 말해 '존재하고 있음을 아는 것'이 존재의 핵심이다. 우리는 종종 하루를 자동 조종 모드로 보내며, 자신이 살아 있다는 사실조차 잊는다.

다시 말해, 우리는 종종 해야 할 일에 너무 몰두한 나머지, 정작 자신의 내면에 어떤 감정이 있는지조차 인식하지 못할 때가 많다. 일상의 바쁨 속에서 감정을 뒤로 미루고 계획과 업무에만 집중하다 보면, 지금 내가 무엇을 느끼고 있는지, 또 무엇을 진심으로 바라고 있는지에 대한 자각이 점차 흐려진다. 이렇게 자기 자신과의 연결이 약해질수록 마음은 점차 지쳐가고, 삶은 방향을 잃은 듯한 허전함을 남기곤 한다.

하지만 평범한 순간에도 우리는 존재할 수 있다. 아침 햇살이 얼굴을 스칠 때, 커피 한 모금이 입 안에 퍼질 때, 버스 창밖의 풍경이 문득 낯설게 느껴질 때—그 모든 순간은 '존재의 자각'을 위한 문이 된다.

중요한 것은 '무엇을 하느냐'보다, '어떻게 머무르느냐'이다.

존재를 느끼는 데 필요한 첫 번째 조건은 주의 깊은 태도다. 주의란 집중의 다른 이름이며, 자신과 세계를 향한 열린 감각이다.

오늘 하루 동안 당신은 얼마나 많은 순간을 '주의 깊게' 경험했는가? 식사를 하면서 음식의 온도와 질감을 느꼈는가? 누군가의 이야기를 들으며 그의 감정을 함께 느꼈는가?

우리가 습관처럼 흘려보내는 순간 속에는, 사실 가장 많은 생명력과 진실이 담겨 있다. 주의 깊게 산다는 것은 사소한 일상에서 감각을 회복하는 일이자, 자기 자신과 다시 연결되는 과정이다.

현대인은 감각을 잃은 채 살아간다. 스마트폰과 스크린에 둘러싸여, 우리는 보고 듣고 느끼는 능력을 점점 외면한다. 그러다 보니 진짜 삶이 '머릿속'에서만 맴돌고, 몸과 마음은 따로 떨어져 산다. 존재는 생각이 아니라 감각을 통한 자각에서 비롯된다.

따뜻한 물의 감촉, 걸을 때 발바닥에 느껴지는 압력, 바람이 머리카락을 스치는 느낌과 같은 감각에 주의를 기울이면, 우리는 더 이상 "무엇을 해야 하지?"가 아니라 "지금 이 순간 나는 어떤가?"를 묻게 된다. 그리고 이 질문이야말로 존재의 문을 여는 열쇠다.

철학자들은 "낯설게 보라"고 말한다. 바로 이 지점에서 평범한 순간은 새로워지고, 존재는 더욱 선명해진다. 늘 지나던 길을 오늘은 다른 눈으로 바라보고, 매일 보는 사람의 얼굴을 유심히 살펴보는 작은 시선의 변화가 우리의 삶을 전혀 다르게 느끼게 만든다.

"사는 것이 지겹다"는 말은 사실 삶이 지겨운 것이 아니라, 삶을 바라보는 우리의 태도가 무뎌진 결과일지도 모른다. 낯익은 것들을 새로운 감각으로 다시 경험하는 일, 그것이 존재를 새롭게 하는 길이다.

존재를 잊는 순간은 자신을 잊는 순간이다. 우리는 사회적 역할과 책임 속에서 '나 자신'을 잊은 채 살아간다. 좋은 부모, 성실한 직장인, 유능한 리더라는 외면을 쓰고 내세우며 살아가지만, 그 속에 숨겨진 '나의 목소리'는 점점 멀어진다.

존재를 회복한다는 것은 나의 내면에 귀 기울이는 연습을 다시 시작하는 것이다. 나는 지금 어떤 상태인지, 무엇을 느끼고 있는지, 어디로 가고 싶은지를 묻는 시간은 단순한 자기 점검이 아니라, 삶을 주체적으로 이끌어가는 출발점이다.

평범한 순간은 대개 꾸며지지 않은 자연 그대로의 장면이다.

피곤한 얼굴, 흐트러진 방, 마음이 어수선한 날처럼 겉으로 드러나는 불완전한 모습들도 존재의 일부이다. 존재는 완벽함이나 멋짐이 아니라, 진실함에 기반한다.

있는 그대로의 나, 지금 이 모습의 삶을 있는 그대로 받아들이는 태도는 존재를 깊이 있게 만든다. 자기 연민이나 수치심이 아닌, 너그러움과 정직함으로 자기 자신을 대하는 법—이것이 존재의 성숙함이다.

존재는 혼자만의 일이 아니다. 우리는 관계 안에서 존재를 배우고, 타인의 눈과 말, 몸짓을 통해 스스로를 비춰본다. 누군가에게 진심으로 귀 기울이고, 그의 감정을 받아들이려는 순간, 우리는 타인의 존재를 통해 나 자신의 깊이를 깨닫는다.

또한 관계는 존재를 움직이게 한다. 내 존재가 타인에게 어떻게 영향을 미치는지를 자각하는 순간, 우리는 삶을 더 성실히 살아가게 된다. 존재란 결국, 다른 생명들과 이어져 있다는 사실을 깨닫고, 그 관계 속에서 살아가려는 태도에서 비로소 깊어진다.

존재를 느끼기 위해서는 '공간'이 필요하다. 정신적 여백, 물리적 공간, 정서적 안전지대가 있어야만 우리는 자신에게 귀 기울일 수 있다.

바쁘고 시끄러운 삶 속에서도 잠시 멈출 수 있는 공간을 스스로 마련해 보자. 매일 10분간 조용히 앉아 숨을 쉬는 것, 산책 중 핸드폰을 꺼두는 것, 생각 없이 하늘을 바라보는 것—이 모든 것이 존재의 공간이 된다.

  존재는 무엇을 성취하느냐가 아니라, 어떻게 살아 있느냐의 문제다. 우리는 평범한 순간 속에서 감각을 깨우고, 지금 이 순간의 삶을 온전히 느끼며 살아갈 수 있다. 존재란 그냥 주어지는 것이 아니라, 선택하고, 태도를 가다듬고, 꾸준히 연습해 가는 것이다.

  우리는 특별한 날을 기다리며 살아가지만, 실은 가장 평범한 순간이야말로 존재의 본질이 숨 쉬는 곳이다. 존재는 먼 미래의 목표가 아니라, 지금 이 자리에서 차분한 마음으로 깨어 있으려는 용기 속에서 자라난다. 그 용기를 품는 삶, 그것이 진정한 존재의 삶이다.

혼자만의 시간과
고독의 가치

현대 사회는 끊임없는 연결과 속도의 세계 속에 놓여 있다. 사람들은 언제 어디서든 메시지를 주고받고, 소셜미디어로 일상을 공유하며, 끊임없이 누군가와 이어져 있다.

이처럼 연결이 쉬워진 시대에 역설적으로 고독은 더 낯설고 불편한 감정으로 여겨진다. 마치 혼자 있는 시간은 사회적 결핍을 의미하고, 고독은 피해야 할 결함처럼 여겨지기도 한다.

그러나 깊이 들여다보면 혼자 있는 시간은 단순한 고립이 아니라, 자기 자신과 다시 만나는 소중한 통로이다. 고독은 외부로 향한 시선을 안으로 돌리게 만들고, 타인의 기대가 아닌 내면의 소리에 귀 기울이게 해준다.

고독은 인간의 내면을 정직하게 드러낸다. 누군가의 시선이 닿지 않을 때, 우리는 가장 본래적인 모습으로 존재하게 된다.

아무도 보지 않는 방 안에서 무언가를 좋아하고, 싫어하고, 고민하고, 기뻐하는 감정은 오롯이 나 자신의 것이다.

이 순간, 우리는 세상이 부여한 역할이나 기대에서 벗어나 비로소 하나의 존재로서 살아 있게 된다. 이처럼 혼자 있는 시간은 내가 누구인지, 무엇을 원하는지, 어떻게 살아가고 싶은지를 묻는 성찰의 시간이 된다. 바쁘고 시끄러운 일상 속에서는 결코 들리지 않는 질문이 고요함 속에서 비로소 떠오르기 시작한다.

어린 시절, 혼자 노는 시간은 어색하지 않고 오히려 자연스럽고 익숙한 일이었다. 우리는 장난감을 친구처럼 여기며 대화를 나누고, 머릿속에 펼쳐진 상상의 세계 속에서 다양한 이야기와 놀이를 만들어냈다.

그런 시간은 단순한 놀이로 끝나는 것이 아니라, 스스로 생각하고 상상하며 표현하는 힘을 키우는 소중한 과정이었다. 외부의 자극 없이도 즐거움을 만들어낼 줄 알았고, 그 속에서 창의력과 상상력은 자연스럽게 자라났다.

그러나 성인이 되어 사회적 관계가 중요해질수록, 혼자 있는 시간은 '비정상적'이거나 '쓸쓸한' 것으로 오해받기 쉽다. 그런 오해 속에서 우리는 자꾸만 혼자 있는 시간을 회피하게 되고, 그 회피는 결국 내면의 공허함으로 이어진다. 고독이 사라진 자리에 진짜 나를 만나는 기회도 함께 사라지는 것이다.

혼자 있는 시간은 단순한 휴식이 아니라, 창조성과 깊이 연결된 중요한 시간이다. 많은 예술가, 작가, 철학자들은 북적이는 공간이나 끊임없는 대화 속이 아닌, 오히려 조용한 고독 속에서 가장 깊은 생각을 하고 새로운 아이디어를 떠올렸다고 말한다.

누구의 방해도 받지 않는 고요한 시간은 자신의 내면을 들여다보고, 세상과 자신을 새롭게 연결하는 통찰의 계기가 된다. 결국 혼자 있는 시간은 마음의 소리에 귀 기울일 수 있는 여백이며, 창의적인 삶을 위한 든든한 기반이 된다.

다시 말해, 세상의 소음에서 벗어난 조용한 시간 속에서야 비로소 복잡한 생각들이 정리되고, 새로운 시각이 떠오르며, 진정한 창조가 가능해진다. 고독은 사고의 깊이를 키우고, 관찰의 시야를 넓히며, 무의식의 세계로 침잠하게 한다.

이것은 단지 예술가나 작가에게만 해당하는 이야기가 아니다. 우리 모두에게도 고독은 문제를 해결하고 삶의 방향을 다시 잡게 해주는 힘 있는 순간이 될 수 있다.

고독과 외로움은 닮아 있지만 본질적으로 다르다. 외로움은 타인을 갈망하는 감정이라면, 고독은 자기 자신과 함께 있는 상태다. 다시 말해, 외로움은 충족되지 않은 욕구에서 생겨나는 감정이지만, 고독은 오히려 자기 자신을 온전히 느끼게 해주는 감각이다.

따라서 고독을 잘 누릴 수 있다는 것은 스스로를 사랑하고 존중할 수 있다는 증거이기도 하다. 혼자 있는 시간을 두려워하는 사람은 종종 고독 속에서 자신을 마주하는 것을 피하고 싶어 한다.

그러나 그 불편함을 견디고 바라볼 수 있을 때, 우리는 더욱 단단하고 성숙한 존재로 성장할 수 있다. 고독은 우리의 내면을 정화시키는 시간이며, 진짜 나 자신과 다시 연결되는 기회다.

혼자 있는 시간은 관계의 질을 높이는 데도 큰 역할을 한다. 자기 자신을 잘 알고 돌보는 사람만이 타인과도 건강한 관계를 맺을 수 있기 때문이다.

혼자 있는 시간을 통해 정돈된 내면은 타인과의 소통에서 불필요한 의존이나 기대를 줄이고, 서로를 보다 자유롭고 평화롭게 만들어준다. 타인을 통해 외로움을 메우려는 관계는 쉽게 무너지지만, 내면에 고요한 중심이 있는 사람은 관계 속에서도 흔들리지 않는다.

오늘날 우리는 끊임없이 바쁘게 움직이며 살아간다. 해야 할 일은 늘 쌓여 있고, 스마트폰 알림이나 미디어처럼 외부에서 쏟아지는 자극은 우리에게 잠시도 쉴 틈을 주지 않는다. 쉼 없이 돌아가는 이 사회 속에서 우리는 멈추는 법을 잊은 채 살아가고 있다.

그러나 진정한 변화와 성장은 바로 그 반대의 순간, 즉 아무것도 하지 않고 멈춰 서 있는 시간 속에서 일어난다. 조용히 자신을 돌아보는 그 순간에 비로소 우리는 내면의 목소리를 들을 수 있고, 진정으로 원하는 것이 무엇인지 마주하게 된다. 바쁘게 움직일 때는 결코 보이지 않던 것들이, 멈춰 있을 때에야 비로소 선명하게 다가오는 것이다.

따라서 혼자 있는 시간, 고요한 순간, 아무것도 하지 않는 무위의 시간 속에서 우리는 비로소 자신을 들여다보고, 삶의 방향을 성찰하며, 다시 나아갈 힘을 비축하게 된다. 그렇게 혼자 있는 시간은 고립이 아닌 회복의 시간이 되고, 고독은 단절이 아닌 연결의 출발점이 된다.

고독을 두려워하지 않고 오히려 그것을 환영할 수 있다면, 우리는 더욱 단단하고 유연한 존재로 성장할 수 있다. 혼자 있는 시간을 통해 우리는 자신을 이해하고, 돌보며, 사랑하는 법을 배운다. 그리고 그 배움을 바탕으로 타인과의 관계 또한 더 깊고 진실하게 확장된다.

결국 혼자 있는 시간은 바쁜 일상 너머로 나 자신을 깊이 들여다보게 해주는, 존재의 본질에 가까워지는 시간이다.

불안과 두려움을
마주하는 용기

불안은 예고 없이 마음을 뒤흔드는 낯선 손님처럼 다가온다. 별다른 이유가 없어도 가슴이 답답해지고, 생각은 꼬리를 물고 부정적인 방향으로 흐른다. 우리는 그 감정을 어떻게든 떨쳐내려 애쓰지만, 불안은 사라지기보다 오히려 더 커지는 듯하다.

불안은 단순히 없애야 할 감정이 아니라, 오히려 우리 삶에서 중요한 무언가가 일어나고 있다는 신호일 수 있다. 우리는 새로운 도전을 앞두고 있거나 중요한 선택의 기로에 서 있을 때 불안을 느끼곤 한다. 이는 그만큼 우리가 삶을 진지하게 마주하고 있다는 증거이기도 하다.

그렇기에 불안을 억누르거나 부정하기보다는, 조용히 그 감정을 바라보고 받아들이는 연습이 필요하다. 그렇게 할 때 비로소 우리는 불안을 통해 자신을 더 깊이 이해하고, 다음 걸음을 보다 성숙하게 내디딜 수 있게 된다.

두려움도 마찬가지다. 우리는 강한 척하며 두려움을 감추려 한다. 겉으론 담담해 보여도, 내면은 여전히 흔들린다. 그러나 두려움을 느낀다는 것은 내가 진심으로 어떤 것을 바라고 있다는 증거이기도 하다. 그러니 두려움 또한 나의 일부로 받아들여야 한다.

불확실성을 삶의 일부로 받아들이는 것, 그것이야말로 성숙함의 징표다. 인생은 계획대로 흘러가지 않을 때도 있다. 뜻하지 않은 일들이 생기고, 예상 밖의 감정들이 드러난다. 그 모든 것이 우리의 삶을 이루는 일부이며, 그것을 어떻게 받아들이느냐가 중요하다.

모든 경험은 이미 지나간 일이며, 그것이 지금의 나를 좌우하게 두어서는 안 된다. 우리는 지금 이 순간 새롭게 반응할 수 있는 자유를 가지고 있다. 과거의 실수나 실패를 반복할 필요는 없다. 지금의 나는, 이전의 내가 아니다.

감정을 억누르지 않고 솔직히 마주하는 순간, 우리는 더 이상 감정의 지배를 받는 존재가 아니라, 그것을 이해하고 다스릴 수 있는 주체가 된다. 마음의 깊은 곳에 자리한 불안과 두려움을 가만히 들여다보면, 그 이면에 숨겨진 소망과 진심이 드러난다.

우리는 불안과 두려움을 피할 수 없지만, 그 감정과 함께 걸어가는 법을 배울 수는 있다. 그것을 정면으로 마주하고, 나를 지키면서도 열린 마음으로 세상을 대하는 연습, 바로 그것이 우리를 더 깊고 단단한 존재로 이끈다.

  불안과 두려움은 종종 우리를 힘들게 하지만, 그 과정을 통해 우리는 조금씩 성장한다. 자신을 더 깊이 이해하게 되고, 더 넓은 세상과 연결되는 길을 찾게 된다. 이 여정은 서두르지 않고 천천히 진행되지만, 그만큼 의미 있고 충만하다.

  결국 그 길의 끝에서 우리는 비로소 내면의 평화를 얻으며, 진정한 자신과 마주할 수 있게 된다. 이렇게 성장하는 과정 자체가 삶을 더욱 풍요롭게 만드는 소중한 시간이 된다.

실패, 실수, 흔들림 속에서
나를 발견하기

　우리는 종종 '완벽함'이라는 이름의 허상을 좇으며 살아간다. 실수하지 않는 사람도 없고, 실패하지 않는 인생도 없으며, 언제나 흔들림 없는 결정이나 감정을 유지하는 일도 불가능하다. 삶은 그처럼 반듯하고 정돈된 길로만 흘러가지 않기 때문이다.
　오히려 가장 깊고 진실한 배움은, 우리가 넘어지고 깨어질 때 시작된다. 실수와 실패, 그리고 흔들리는 순간은 우리의 부족함을 드러내는 것이 아니라, 우리 존재의 깊이를 깨닫게 해주는 소중한 계기다.
　살면서 누구나 한 번쯤은 실수를 한다. 중요한 자리에서 말실수를 하거나 소중한 관계를 망치기도 하고, 뜻하지 않게 상처를 주거나 받기도 한다. 그런 순간 우리는 자신을 자책하며 '왜 나는 이럴까' 하고 되묻는다.

그러나 그런 질문 속에 숨겨진 또 하나의 진실은, 우리가 그만큼 '잘하고 싶어했다'는 사실이다. 실수는 미숙함의 증거가 아니라, 진심으로 애쓰고 있다는 또 다른 표현일지도 모른다.

실패는 더 두렵다. 성취와 인정이 중요한 사회에서 실패는 곧 낙오처럼 여겨지기 쉽다. 하지만 실패는 오히려 새로운 길을 여는 문이기도 하다. 어떤 문이 닫힐 때, 우리는 비로소 그 너머의 또 다른 가능성을 바라보게 된다.

실패를 겪으며 느끼는 좌절과 무력감은 결코 쓸모없는 감정이 아니다. 그 감정을 충분히 느끼고, 거기서 다시 일어서는 과정에서 우리는 전보다 단단한 내면을 갖게 된다.

흔들리는 감정과 정체성도 마찬가지다. 삶의 방향이 불분명하게 느껴질 때, 사람들과의 관계 속에서 자신이 점점 흐려지는 느낌을 받을 때, 우리는 두려움을 느낀다. 그러나 바로 그때야말로 자신을 다시 바라볼 수 있는 순간이다.

흔들림은 중심을 찾으려는 몸의 자연스러운 움직임처럼, 우리의 내면도 다시 균형을 잡기 위해 잠시 출렁이는 것이다. 흔들릴 수 있다는 것은 아직 무언가를 포기하지 않았다는 뜻이며, 여전히 스스로를 믿고자 한다는 표현이다.

중요한 것은 실수하거나 실패했다고 해서, 흔들린다고 해서 우리가 무가치해지는 것은 아니라는 사실이다. 오히려 그 순간이야말로 우리가 누구인지, 무엇을 원하는지, 어떻게 살아가고 싶은지를 더 깊이 자각하는 기회가 된다.

모든 성공은 실패를 딛고 이루어진다. 모든 성숙은 흔들림 속에서 만들어진다. 실수는 방향을 다시 가다듬게 하고, 실패는 삶의 의미를 되묻게 하며, 흔들림은 나를 진짜 나로 살아가도록 만든다.

자신을 있는 그대로 받아들이는 일은 쉬운 일이 아니다. 우리는 종종 '이 정도면 괜찮은 나'라는 기준을 세워두고, 그 기준에 도달하지 못하면 스스로를 부정하고 움츠러든다.

하지만 실수한 나, 실패한 나, 흔들리는 나 역시 나의 일부임을 받아들여야 한다. 그 모습을 부끄러워하지 않고 바라볼 수 있을 때, 우리는 타인의 실수와 아픔에도 진심으로 공감할 수 있다. 나의 불완전함을 인정하는 순간, 타인의 불완전함도 따뜻하게 끌어안을 수 있기 때문이다.

결국 인생은 잘하는 법을 익히는 여정이 아니라, 넘어지고 일어서는 과정을 통해 자신을 발견하는 여정이다. 우리는 실수할 수 있고, 실패할 수 있으며, 흔들릴 수 있는 존재다.

그리고 그 안에 진짜 내가 있다. 겉으로 드러나는 성과보다 중요한 것은, 그 과정을 통해 내가 어떤 사람이 되어가고 있는가이다.

완벽하지 않아도 괜찮다. 오히려 실수와 실패 속에서 배운 것이야말로, 가장 오래 남는 삶의 지혜가 된다. 흔들리는 날들 속에서도 나 자신을 잃지 않으려는 그 마음이, 결국 나를 가장 나답게 만든다.

실수는 누구나 하는 것이고, 실패는 피할 수 없는 인생의 일부이다. 중요한 것은 그런 순간마다 자신을 탓하며 주저앉는 것이 아니라, 다시 일어설 용기를 갖는 일이다. 그러니 두려워하지 말자.

실수해도 괜찮다고 여기는 마음, 실패를 통해 더 나은 방향을 배워 갈 수 있다는 믿음, 그리고 때로 흔들리더라도 결국 다시 중심을 찾을 수 있다는 희망을 품자. 그런 용기가 우리를 더 단단하고 성숙한 사람으로 이끌어 준다.

이런 경험들은 결코 당신을 약하게 만드는 것이 아니라, 오히려 당신의 내면을 더 깊고 단단하게 만들어 준다.

결국 그 모든 순간들이 모여 지금의 당신을 더욱 아름답고 진실된 사람으로 성장시키는 소중한 밑거름이 될 것이다.

미안함과 용서
그리고 성장

 관계 속에서 우리는 실수하고, 후회하며, 때로는 미안한 마음을 품게 된다. 아무리 조심하려 해도 완벽한 사람은 없다. 때로는 무심코 던진 말 한마디, 생각 없이 지나친 행동 하나가 타인에게 깊은 상처로 남기도 한다.
 우리는 그제야 비로소 깨닫게 된다. 그렇게 우리는 말과 행동의 무게를 다시 돌아보게 되고, 타인을 이해하고 배려하려는 마음이 얼마나 중요한지를 조금씩 배워가게 된다.
 진심 어린 사과는 상대방을 위한 동시에 자기 자신과 마주하는 용기이기도 하다. 사과는 단지 "미안하다"는 말을 꺼내는 것이 아니라, 자신의 부족함을 인정하고, 그로 인해 상처받은 마음을 헤아리려는 태도이다.
 그 진심이 전해질 때, 상대는 비로소 그 마음을 받아들이고 관계는 다시 회복될 수 있는 여지를 얻는다.

하지만 모든 사과가 바로 용서로 이어지는 것은 아니다. 용서는 시간과 마음의 준비를 필요로 한다. 때로는 오랜 시간 상처를 안고 살아야 하고, 그 감정을 정리하는 데도 많은 에너지가 필요하다.

그렇기에 용서란 어떤 잘못의 경중과 관계없이, 그 감정에 더 이상 얽매이지 않기로 결정하는 의식적인 행위이다.

억울함, 분노, 실망, 상처가 뒤섞인 감정의 소용돌이 속에서 누군가를 용서하는 일은 마치 스스로를 배반하는 것처럼 느껴질 수 있다. "왜 내가 먼저 이해해야 하지?", "왜 내가 참아야 하지?"라는 질문이 고개를 들 때, 용서는 더더욱 어려운 일이 된다.

그러나 그 감정에 계속 매달려 있으면, 결국 더 깊이 상처받는 쪽은 다름 아닌 나 자신이다. 분노와 원망은 상대를 벌주는 것이 아니라, 오히려 내 마음을 갉아먹고 삶을 더욱 고통스럽게 만들 수 있다.

용서는 단순히 상대를 위하는 행위처럼 보일 수 있지만, 실은 내 마음을 그 고통에서 풀어내는 해방의 과정이기도 하다. 진정한 용서는 과거에 매여 있는 자신을 자유롭게 하는 용기에서 시작된다.

진정한 용서는 잘못을 덮어주는 일이 아니다. 그것은 상처를 직시한 후에도 그 사람을, 혹은 그 상황을 새로운 시선으로 바라보려는 시도이다.

　우리는 감정을 정리하고 스스로를 다잡은 뒤, 더 이상 그 감정에 갇혀 살지 않기로 결심해야 한다. 그리고 준비가 되었을 때, 상대에게 진심을 담아 조심스럽게 손을 내밀어야 한다.

　삶은 크고 작은 미안함과 용서를 통해 조금씩 성장해 나가는 과정이다. 우리는 모두 불완전한 존재이다. 때로는 실수하고, 서로를 다치게 하며, 또 상처받기도 한다.

　하지만 그 안에서 진심으로 미안해하고, 용서를 구하고, 서로의 마음을 다시 잇기 위해 노력할 때, 관계는 더 단단해지고 깊어진다.

　어린 시절, 부모님께 짜증을 내고 돌아서며 후회했던 순간, 친구의 비밀을 지키지 못해 멀어졌던 기억, 연인에게 상처 주는 말을 해놓고 밤새 뒤척였던 날들 속에서 우리는 "내가 왜 그랬을까"라는 질문을 수없이 되뇌며 나 자신과 마주해 왔다.

　한때 무심코 던진 말 한마디가 누군가에게 얼마나 큰 상처였는지를 깨닫고 비로소 말의 무게를 배우는 것, 누군가의 사과를 받아들이기까지 마음속에서 수많은 감정의 파도를 넘고 나서야 용서란 결국 나를 위한 결정임을 알게 되는 것, 이 모든 것이 바로 진정한 성장이라 할 수 있다.

　어쩌면 우리가 가장 두려워하는 것은 '미안하다'고 말한 뒤 그것이 받아들여지지 않을지도 모른다는 생각일지 모른다. 그러나 진심은 언젠가 전해진다. 때로는 오랜 시간이 걸리더라도, 그 마음은 결국 닿게 되어 있다.

우리는 모두 서툴다. 사랑하는 사람에게 상처 주지 않으려 애쓰지만, 결국은 상처를 주고야 만다. 또한 우리는 살아가면서 크고 작은 갈등이나 오해, 상처를 겪는다. 그럴 때마다 마음을 닫고 외면하고 싶은 충동이 들기도 한다. 그런 순간에 진심으로 상대에게 다가가려는 노력을 할 수 있다면, 그 관계 속에서 우리는 더 깊이 이해하고 성장할 수 있다.

서로의 다름을 인정하고 마음을 열어 가는 과정을 통해 인간으로서 한층 더 성숙해질 수 있다. 결국, 외면보다는 진심 어린 소통이 우리를 더 나은 사람으로 이끈다.

자기 이해를 통한
내면 성장

우리는 평생을 '나'라는 존재와 함께 살아가면서도 정작 자신을 모른 채 살아가는 경우가 많다. 내가 어떤 감정을 느끼는지, 왜 같은 실수를 반복하는지, 무엇을 진정으로 원하는지조차 제대로 인식하지 못한 채 바쁜 일상 속에 휩쓸려 살아간다.

그러다 어느 순간 삶이 예상치 못한 방향으로 흘러가고, 혼란과 갈등, 외로움과 공허함이 마음을 채울 때 비로소 멈춰 서서 자신에게 묻게 된다. "나는 누구인가?"

이 질문은 단지 철학적인 호기심에서 나오는 것이 아니다. 그것은 삶의 혼돈 속에서 우리가 진정으로 스스로를 이해하지 못하고 있었다는 자각에서 비롯된다.

자기 이해는 단순히 자기 자신을 분석하는 것이 아니다. 그것은 내면의 복잡성을 수용하고, 자신을 있는 그대로 바라보며, 그 안에서 성장의 가능성을 찾는 용기 있는 과정이다.

또한 자기 이해란 자신의 감정, 생각, 행동의 원인을 인식하고, 그것이 형성된 배경과 맥락을 이해하는 것이다. 이는 단지 현재의 성격이나 성향을 아는 데 그치지 않고, 과거의 경험, 가족 관계, 사회적 환경, 문화적 배경 등을 포함한다.

자신을 깊이 들여다보기 시작하면, 지금 느끼는 불안이나 남과 자신을 비교하게 되는 마음이 어디서 비롯되었는지 조금씩 알게 된다.

어린 시절, 부모의 사랑이 조건적이었다거나 반복적으로 다른 사람과 비교당한 경험이 지금의 자아 인식에 큰 영향을 주었음을 깨닫게 되는 것이다. 이런 깨달음은 스스로를 더 따뜻하게 이해하고 보듬게 만들며, 진정한 변화는 바로 그 순간부터 시작된다.

자신을 이해하는 과정에서 가장 먼저 주목해야 할 것은 '감정'이다. 우리는 종종 감정을 억누르거나 외면한 채 이성적으로 행동하려 한다.

하지만 억눌린 감정은 사라지지 않고, 언젠가 더 큰 힘으로 되돌아온다. 화를 참다 결국 폭발하거나, 슬픔을 무시하다 무기력에 빠지는 것처럼 말이다.

감정은 통제해야 할 대상이 아니라, 내면에서 울리는 신호이며, 그 신호에 귀 기울이는 것이 자기 이해의 출발점이다.

"나는 지금 왜 화가 났을까?", "이 불안은 어디서 오는 걸까?"와 같은 질문은 단순해 보이지만, 그 안에는 깊은 성찰의 가능성이 담겨 있다.

자기 이해는 감정을 느끼는 데서 멈추지 않는다. 우리는 하루에도 수없이 많은 내면의 목소리와 대화하며 살아간다. "나는 왜 이 모양일까?", "또 실수했어. 역시 난 안 돼." 이런 부정적인 자기 대화는 우리의 자존감을 지속적으로 해치고, 자기 신뢰를 약화시킨다.

자기 이해란 이러한 내면의 목소리를 인식하고, 그것이 어디에서 비롯되었는지를 묻는 과정이다. 우리는 누구나 다양한 '내면의 자기'를 품고 있다.

우리는 완벽을 추구하는 자아, 비난받지 않으려는 자아, 사랑받고 싶어 하는 어린아이 같은 자아 등 다양한 내면의 모습을 품고 있다. 이들의 존재를 인정하고, 각각의 목소리에 진심으로 귀 기울일 때 비로소 우리는 진정한 자기 수용에 가까워질 수 있다.

자기 이해는 과거의 경험을 다시 들여다보는 일과도 밀접하게 연결되어 있다. 그러나 이것은 과거에 머무르기 위함이 아니라, 과거를 새로운 시각으로 재해석하여 현재를 다르게 살아가기 위함이다.

우리가 겪은 경험들은 단순한 사건이 아니라, 내면의 신념을 형성한 배경이었다. 특히 어린 시절의 경험은 우리 안에 깊이 각

인되어 성인이 되어서도 행동의 기준이 되곤 한다.

예를 들어, "나는 사랑받기 위해 끊임없이 노력해야 한다"는 믿음은 부모의 무관심이나 조건적인 애정에서 비롯된 것일 수 있다. 이러한 신념은 어른이 된 이후에도 관계 속에서 반복적으로 나타나며, 자신도 모르게 타인의 인정에 의존하게 만든다.

하지만 이 신념을 인식하고, 그것이 만들어진 맥락을 이해하게 되면 우리는 그 굴레에서 벗어날 수 있게 된다. 자기 이해는 과거를 치유하고, 현재를 변화시키는 힘을 지닌다.

이 과정에서 자주 마주치는 존재가 바로 '내면의 비판자'다. 우리 안에는 끊임없이 잣대를 들이대며 "이렇게 해야 해", "그건 부족해", "왜 그렇게밖에 못 해?"라고 말하는 목소리가 있다.

이 비판자는 처음에는 우리를 더 나은 방향으로 이끌기 위한 의도로 나타났지만, 시간이 지나면서 자존감을 훼손하고 자기 신뢰를 떨어뜨리는 존재가 되기도 한다.

자기 이해는 이 내면의 비판자와 싸우는 것이 아니라, 그가 왜 그렇게 말하게 되었는지를 이해하는 데서 출발한다.

때로는 그 비판적인 목소리조차도 과거의 상처에서 비롯된 방어기제임을 깨닫게 되면, 우리는 그 존재와도 화해할 수 있다. 비판자조차 결국 나의 일부였음을 인정할 때, 우리는 더욱 온전한 나로서 존재할 수 있게 된다.

자기 이해는 혼자만의 작업으로 끝나지 않는다. 우리는 관계 속에서 끊임없이 자신을 발견하게 된다. 누군가의 말에 유난히 상처받을 때, 반복되는 관계의 패턴에 빠질 때, 그 모든 상황은 우리 내면의 감정이나 신념이 작동하고 있다는 신호다.

친밀한 관계는 거울이 되어 우리를 비추고, 그 속에서 우리는 자신이 어떤 사람인지를 더 깊이 알게 된다.

"왜 나는 이 상황에서 이렇게 화가 났을까?", "이 사람의 말이 왜 이렇게 거슬렸을까?"라는 질문을 스스로에게 던질 때, 우리는 자신의 민감한 지점을 발견하고, 그것이 어떤 삶의 이야기에서 비롯되었는지를 이해할 수 있다.

결국 자기 이해는 성장의 도구가 아니라 그 자체로 성장이다. 내가 누구인지, 무엇에 상처받고, 어떤 욕망을 품고 살아가는지를 알고 나면, 우리는 더 이상 외부의 평가나 기대에 흔들리지 않게 된다. 대신 진정한 자신으로 살아갈 수 있는 용기를 얻게 된다.

그리고 무엇보다 자기 이해는 자기 수용으로 이어진다. 나는 완전하지 않지만, 그럼에도 불구하고 나를 사랑할 수 있다는 것이야말로 내면의 평화이며, 타인을 이해하고 수용할 수 있는 능력의 출발점이 된다.

자기 이해는 끝이 없는 여정이다. 삶은 늘 새로운 질문을 던지고, 우리는 그 질문에 답하며 조금씩 나를 알아간다. 중요한 것은 더 나은 사람이 되려는 욕망이 아니라, 더 진실한 나로 살아가려는 용기다.

  우리는 실수하고, 흔들리고, 때로는 상처받지만, 그 모든 경험은 결국 우리를 이해하게 하고, 더 깊은 성장을 가능하게 만든다.

  삶은 타인과의 여행이기도 하지만, 결국 나 자신과의 동행이다. 자기 이해는 그 여정을 더 깊고 풍요롭게 만드는 안내서이며, 오늘도 나는 나와 함께, 조금 더 성숙한 방향으로 걸어간다.

타인 이해와
공감 능력 키우기

 우리는 혼자가 아닌, 다른 사람들과 관계를 맺으며 살아가는 존재이다. 누군가와 더불어 살아간다는 것은 단지 같은 공간에 머무는 것이 아니라, 그 사람의 마음과 삶을 이해하려는 노력 위에 성립된다.
 관계란 결국 나와 너, 그리고 우리 사이에 놓인 거리의 이야기다. 그 거리를 좁히기 위해 필요한 것이 바로 이해이고, 공감은 그 이해 위에서 함께 걸어가는 따뜻한 마음의 움직임이다.
 타인을 이해한다는 것은 단순히 그의 입장을 짐작하거나 행동의 이유를 추측하는 것을 넘어서, 그의 내면을 진심으로 느끼려는 태도를 말한다.
 말의 이면을 읽고, 침묵의 무게를 가늠하며, 때로는 고통과 분노, 두려움 뒤에 숨은 사연까지 들여다보려는 노력이 진정한 이해의 시작점이다.

우리는 흔히 자신이 타인을 잘 이해한다고 생각하지만, 실상은 자신의 기준에서 상대를 해석하는 경우가 많다. "내가 보기엔 이렇다"는 말이 얼마나 쉽게 타인의 마음을 왜곡하고, 단절을 낳는지를 우리는 자주 간과한다.

타인을 이해하려는 진정한 태도는 먼저 "나는 모를 수 있다"는 인식에서 시작된다. 이해하려면 먼저 멈춰야 하고, 판단보다 경청이 앞서야 한다. 우리는 너무 자주 반응하고, 너무 빨리 결론을 내린다.

그러나 사람의 마음은 단순한 논리나 말로만 이해할 수 있는 것이 아니다. 각자의 삶에는 각자의 방식이 있고, 누구나 자신만의 배경과 시간, 사연을 품고 살아간다.

그 사연을 모른 채 내 기준만으로 상대를 바라보는 것은 마치 번역기를 통해 시를 읽는 것과 같다. 뜻은 알 수 있을지 몰라도, 결코 온전한 의미에 도달할 수 없다.

공감은 단순히 상대를 이해하는 것을 넘어, 그 사람의 감정을 느끼려는 의식적인 노력이다. 이는 머리가 아니라 마음으로, 상대의 마음을 바라보려는 태도다.

하지만 공감은 단순히 "그 마음 알아"라고 말하는 것으로 충분하지 않다. 말의 내용보다 그 말을 하게 된 마음의 태도가 더 중요하다. 같은 말이라도 어떤 마음에서 나왔는지에 따라 공감이 되기도 하고, 반대로 상처가 되기도 한다.

　말은 공감의 도구일 뿐이며, 진짜 공감은 상대가 느끼는 것을 나도 느끼고자 할 때 생겨난다.

　공감 능력을 기른다는 것은 곧 나의 감정을 다룰 수 있는 힘을 키우는 일이기도 하다. 타인의 감정을 받아들이기 위해서는 먼저 내 감정을 있는 그대로 인식하고 조절할 수 있어야 한다.

　상대가 슬픔에 빠져 있을 때 나 역시 함께 슬퍼할 수 있는 여유와 여백이 필요하다. 만약 내가 내 감정을 억누르고 외면한 채 살아왔다면, 타인의 감정에도 무감각해질 수밖에 없다. 감정의 문을 닫은 채 건네는 위로는 메마르고, 오히려 거리감을 만든다.

　공감을 위한 첫 번째 태도는 '경청'이다. 경청이란 말 그대로 상대의 말을 듣는 것이 아니라, 마음을 다해 듣는 것이다. 고개를 끄덕이거나 맞장구를 치는 것만으로는 부족하다. 말 속에 담긴 맥락, 감정의 색깔, 멈춤의 의미까지 주의 깊게 듣는 것이다.

　우리는 상대가 말하는 단어를 듣지만, 공감하는 사람은 그 단어 너머의 감정을 듣는다. 그리고 그 감정의 실체를 인정해 줄 때, 비로소 상대는 "이 사람이 나를 진심으로 이해하고 있구나"라는 신뢰를 느낀다.

　경청 다음으로 중요한 것은 '판단을 유보하는 태도'다. 우리는 타인의 말에 쉽게 의견을 덧붙이려 하고, 옳고 그름을 따지려 한다. 그러나 공감은 평가가 아닌 수용의 자세에서 자란다.

때로는 그 말이 논리적으로 맞지 않더라도, 또는 내 생각과 다르더라도 "저 사람은 지금 그렇게 느끼고 있구나"라고 받아들일 수 있어야 한다. 이것은 결코 쉬운 일이 아니지만, 감정에는 정답이 없다는 사실을 받아들이는 것이 타인과의 거리를 좁히는 출발점이 된다.

공감에는 용기가 필요하다. 누군가의 고통에 귀 기울인다는 것은 나 또한 그 고통의 일부를 감당하겠다는 의미이기 때문이다. 그래서 우리는 종종 공감을 피한다. 가볍게 위로하거나 농담으로 넘기며 진짜 감정에 다가가는 것을 두려워한다.

하지만 그런 회피는 진정한 연결을 방해한다. 상대의 마음에 들어가는 일은 두려운 일이지만, 동시에 관계를 깊게 만드는 유일한 길이기도 하다. 공감은 기술이 아니라 용기다. 상처를 두려워하지 않고 마음을 여는 사람만이 공감할 수 있다.

우리는 관계에서 갈등을 피할 수 없다. 하지만 갈등이 언제나 부정적인 것은 아니다. 갈등은 서로 다른 입장과 감정이 충돌하는 지점이며, 그것을 해결하는 방식에 따라 관계는 더 깊어질 수도, 멀어질 수도 있다.

갈등 속에서 공감이 작동할 수 있다면, 그것은 상처가 아니라 성장이 된다. 상대의 분노 뒤에 있는 상처를 보고, 그 상처를 인정할 수 있을 때 우리는 더 이상 마음을 닫지 않아도 된다. 그 순간, 우리는 대립이 아닌 연결을 선택할 수 있게 되기 때문이다.

타인을 이해하고 공감할 수 있다는 것은 곧 나 자신도 이해하고 있다는 뜻이다. 내 감정에 솔직하고, 나의 불완전함을 받아들일 줄 아는 사람만이 타인의 불완전함도 수용할 수 있다.

자기 수용은 타인 수용의 전제 조건이다. 우리는 흔히 "왜 저 사람은 저렇게밖에 말하지 못할까?"라고 비난하지만, 사실 그 말은 나 스스로에 대한 투영일지도 모른다.

공감은 겉으로는 타인을 향한 선한 마음처럼 보이지만, 실제로는 자신을 이해하고 따뜻하게 바라보는 마음에서 비롯된다.

인간은 누구나 외롭고 불완전하며, 사랑받고 싶어 한다. 이 단순한 진실을 기억하는 것만으로도 우리는 타인을 대하는 방식에서 많은 것이 달라질 수 있다.

누군가가 서툴게 말하거나 상처를 주는 말을 했을 때, 그 이면에는 표현되지 않은 아픔이나 불안이 있음을 상상해 보는 것이 우리를 조금 더 너그러워지게 만든다.

공감은 타인을 변화시키지는 못하더라도, 나의 태도를 바꾸고, 그 변화된 태도가 관계의 온도를 따뜻하게 만든다. 결국 변화는 타인을 바꾸려는 시도가 아니라, 나의 진심에서 비롯된다.

우리는 지금 공감이 점점 더 필요한 시대를 살아가고 있다. 빠른 판단과 즉각적인 반응이 일상이 된 사회에서, 천천히 듣고 깊이 이해하는 능력은 점점 희귀한 자산이 되어 가고 있다.

그러나 그럴수록 우리는 더더욱 공감을 배워야 한다. 그것은 단지 인간관계의 기술이 아니라, 사람을 사람답게 하는 가장 본질적인 힘이기 때문이다.

결국, 공감은 마음의 공간을 내어주는 일이다. 내 안에 상대를 담고자 할 때, 우리는 서로를 통해 성장하고 성숙해진다. 타인을 이해하고자 하는 마음은 세상을 더 따뜻하게 만들고, 공감은 인간을 외로움으로부터 구원한다.

우리는 각자의 길을 걷고 있지만, 그 길이 외롭지 않도록 서로의 마음을 바라보며 걸을 수 있다면, 그것만으로도 우리는 서로에게 충분한 위로가 될 수 있다.

공동체 속에서의
존재 탐색

우리는 누구나 혼자가 아니라 '함께' 살아간다. 태어나는 순간부터 우리는 어떤 집단 속에 속하며, 그 안에서 사랑받고, 때로는 상처받으며 성장한다.

가족, 학교, 친구, 직장, 지역사회, 그리고 더 넓은 문화와 국가에 이르기까지, 우리의 정체성과 삶은 공동체라는 틀 안에서 형성되고 변화한다.

인간은 본질적으로 사회적 존재이며, 타인과의 관계를 통해 스스로를 인식하고 삶의 의미를 발견하는 존재다.

그러나 현대 사회는 공동체와 개인 사이의 균형이 점점 더 무너지고 있다. 개인주의는 자율성과 자유를 강조하며 개인의 욕망을 전면에 내세우지만, 그 이면에는 고립과 단절이 자리 잡고 있다.

우리는 누군가와 연결되어 있으면서도 진정으로 소통하지 못하고, 관계의 표면만을 맴돌며 외로움을 느낀다. 공동체 안에 있으면서도 소외감을 경험하고, 자신의 존재 의미를 찾지 못한 채 방황하는 이들이 늘어나고 있다.

이런 상황에서 우리는 다시금 묻게 된다. 나는 공동체 속에서 어떤 존재인가? 나는 이 안에서 진정한 나로 살아가고 있는가? 공동체는 나에게 어떤 영향을 주며, 나는 공동체 안에서 어떤 의미를 지니고 있는가? 이러한 질문은 단순히 사회적 위치나 역할을 확인하는 데 그치지 않고, 존재의 본질을 탐색하는 깊은 성찰로 이어진다.

공동체는 단순히 사람들이 모여 있는 공간이 아니다. 그것은 '관계'로 이루어진 살아 있는 유기체다. 구성원들의 상호작용, 정서적 연결, 공유된 경험과 가치가 공동체를 형성한다.

이러한 관계 속에서 인간은 자신을 발견하고, 삶의 의미를 만들어 간다. 우리는 타인의 시선을 통해 자신을 인식하고, 함께하는 경험을 통해 감정을 나누며, 서로의 존재를 통해 성장한다. 공동체는 거울이 되어 나를 비추고, 토양이 되어 나를 길러낸다.

하지만 공동체가 언제나 따뜻하고 안정적인 공간인 것은 아니다. 때로는 기대와 압박, 갈등과 상처의 장소이기도 하다. 특히 집단의 기준이나 규범이 강할수록, 개인은 자신의 본모습을 억누르고 타인의 기대에 맞춘 가면을 쓰게 된다.

"모두가 그렇잖아", "여기선 이래야 해"와 같은 말은 공동체의 결속을 강화할 수는 있지만, 개인의 고유성을 무시하는 도구가 되기도 한다. 그렇게 우리는 공동체 속에서 자신을 잃고, 누구인지 모른 채 살아가게 된다.

진정한 공동체는 구성원 개개인의 고유성이 존중받고, 서로의 다름이 받아들여지는 공간이다. 존재를 탐색한다는 것은 단지 '나는 누구인가'를 묻는 것이 아니라, '나는 누구와 함께 살아가고 있는가'를 성찰하는 일이기도 하다.

인간은 관계 속에서 상처받지만, 또한 관계 속에서 치유된다. 공동체가 단절의 공간이 아니라 진심 어린 소통과 만남이 이루어지는 장이라면, 그 안에서 우리는 자기 존재의 진실에 가까워질 수 있다.

자기 존재를 탐색한다는 것은 공동체 안에서 자신의 역할이나 위치를 따지는 데 머무르지 않는다. 그것은 '어떻게 살아갈 것인가'에 대한 윤리적 질문과도 연결된다.

나의 말과 행동이 타인에게 어떤 영향을 주는지, 나의 삶이 공동체에 어떤 의미를 지니는지를 묻는 일이다. 우리는 더 이상 공동체의 일방적 수용자나 수혜자일 수 없다.

따라서 우리가 속한 공동체의 일부이자, 동시에 그 공동체를 구성하는 주체로서 책임 있게 살아가야 한다. 나의 존재는 타인의 삶과 얽혀 있고, 공동체의 지속 가능성은 개개인의 성숙함과 배려에 달려 있다.

　이러한 이유로 존재를 탐색하는 과정은 고립된 사색이 아니라, 타인과의 관계 속에서 이루어져야 한다.

　누군가와의 깊은 대화, 함께하는 시간, 갈등을 통한 이해, 상처를 주고받은 뒤의 용서와 회복과 같은 경험들이 존재 탐색의 실천이 된다.

　우리가 진심으로 누군가의 말을 경청하고, 있는 그대로의 모습을 받아들일 때, 동시에 나 자신도 수용받는 경험을 하게 된다. 공동체 속의 타인들은 때로는 스승이 되고, 거울이 되고, 나의 또 다른 자아가 되기도 한다.

　하지만 오늘날의 공동체는 점점 더 파편화되고 있다. 디지털 네트워크를 통한 소통은 물리적 거리를 줄여주었지만, 정서적 거리는 오히려 더 멀어졌다.

　SNS에서의 관계는 '좋아요'와 짧은 반응으로 대체되고, 진정한 대화는 점점 줄어들고 있다.

　우리는 더 많은 사람들과 연결되어 있으면서도, 진짜 연결은 점점 줄어들고 있다. 이런 시대일수록, 공동체의 본질과 그 안에서의 존재 의미를 다시 묻는 일이 더욱 중요해진다.

　공동체는 '속한 사람의 수'로 이루어지는 것이 아니라, '속한다고 느끼는 마음'으로 형성된다. 정서적 유대감이 없다면, 사람은 가장 가까운 곳에서도 외로움을 느낄 수 있다. 존재의 탐색은 결국 소속감의 재구성이기도 하다.

내가 이곳에 있어도 괜찮은지, 있는 그대로의 모습으로도 받아들여질 수 있는지, 나의 목소리가 들리고 감정이 존중받는지를 경험하는 과정이다.

이것은 공동체가 나에게 제공해야 할 최소한의 조건이기도 하며, 동시에 나 역시 다른 사람들에게 그것을 제공할 수 있어야 한다.

공동체 속에서 존재를 탐색하는 과정은 때때로 고독을 동반한다. 관계 안에서 자신을 잃지 않기 위해선, 때로는 거리를 두고 자신을 돌아보는 시간이 필요하다.

사람들과 어울려 살아가면서도 내면의 목소리에 귀 기울이고, 나만의 리듬을 지켜내는 일은 외로움이 아니라 고요한 자기 성찰이며, 자신을 지키는 방식이다.

진정한 공동체는 마음을 가다듬을 수 있는 고요를 허용하고, 그 안에서 다시 타인에게로 나아갈 수 있도록 도와준다.

결국, 공동체 속에서 존재를 탐색한다는 것은 자신을 잃지 않으면서도 타인과 연결되는 법을 배우는 일이다. 그것은 타인의 시선 속에서 나를 지우지 않는 용기이며, 동시에 타인의 존재를 진심으로 인정하는 태도다.

'함께 있음'이 단순한 물리적 동행이 아니라 정서적 공명으로 이어질 때, 우리는 공동체 속에서 자신의 존재 의미를 느낄 수 있다. 그리고 그 순간, 우리는 외롭지 않다.

　공동체란 나를 감싸는 공간이자, 내가 감싸야 할 세계다. 그 안에서 자신을 잃지 않고 살아가는 법을 배우는 것, 그것이 곧 존재 탐색의 여정이다. 이 여정에는 끝이 없다.

　우리는 끊임없이 관계 속에서 자신을 새롭게 인식하고, 이해하고, 다시 살아간다. 공동체 속의 나는 늘 변화하며, 그 변화 속에서 더 깊은 나를 만나게 된다.

　오늘도 나는 묻는다. 나는 지금 누구와 함께 살아가고 있으며, 그 안에서 나는 어떻게 존재하고 있는가. 이 질문이 계속되는 한, 나의 존재는 늘 깨어 있고, 성장할 수 있다.

삶과 함께하는
인문학의 역할

인문학이란 무엇일까? 많은 사람들은 인문학이라고 하면, 플라톤이나 아리스토텔레스 같은 철학자들의 글을 읽거나, 오래된 고전 문헌을 공부하는 것이라고 생각하곤 한다.

그래서 인문학은 어렵고, 일상과는 거리가 먼 학문이라고 느끼기 쉽지만 그것은 단지 책 속의 지식을 배우는 데 그치지 않는다.

오히려 인문학은 우리가 어떻게 살아야 하는지, 나와 타인은 어떤 존재인지, 삶의 의미는 무엇인지 같은 근본적인 질문을 던지고, 그 해답을 함께 찾아가는 과정이다.

따라서 인문학은 단순히 과거를 되짚는 지식의 저장소가 아니라, 지금 이 순간 우리의 삶을 더욱 깊이 이해하고 성찰하게 해 주는 삶의 학문이다. 인간의 내면을 탐구하고 타인을 이해하며, 삶의 방향을 찾는 데 도움을 주는 '삶의 거울'이 바로 인문학이다.

우리는 누구나 살아가며 수많은 질문을 만나게 된다. 나는 누구인가? 왜 이런 감정을 느끼는가? 무엇이 옳고 그른가? 행복이란 무엇인가? 어떻게 살아갈 것인가?

이러한 근원적인 질문들에 정답은 없지만, 그 질문을 던지고 함께 고민하는 과정 자체가 삶을 더욱 충만하게 만든다.

인문학은 바로 이러한 질문을 가능하게 하며, 우리 스스로 생각하고 말하고 선택하도록 돕는다. 이는 단순히 지식을 쌓는 것이 아니라, 자신의 삶을 돌아보고 성찰하는 과정이다.

우리가 책을 읽고, 철학자의 말을 곱씹으며, 문학 작품 속 인물의 감정에 공감하는 이유는 거기에 우리의 삶이 투영되어 있기 때문이다.

소크라테스가 말한 "너 자신을 알라"는 말은 단순히 자신이 누구인지 말하라는 뜻이 아니라, 자신의 생각과 감정, 그리고 삶을 깊이 들여다보라는 메시지이다.

인문학은 우리가 스스로를 이해하고, 나아가 다른 사람의 고통과 기쁨을 함께 느낄 수 있게 만드는 힘을 지닌다. 그것은 타인을 이론이나 개념으로만 이해하려는 것이 아니라, 실제 삶의 맥락 속에서 느끼고 공감하는 경험의 산물이다.

오늘날 우리는 점점 더 빠르게 변화하는 사회 속에서 살아간다. 효율성과 생산성이 강조되는 시대에 인문학은 때때로 '비실용적인 것'으로 여겨지기도 한다.

하지만 진정으로 중요한 것은 사람과 사람 사이의 관계이며, 그 관계를 건강하게 유지하는 데 인문학이 큰 역할을 한다.

인문학은 우리로 하여금 다양한 삶의 모습과 목소리를 이해하게 만들고, 차이를 있는 그대로 받아들이는 태도를 길러 준다. 이러한 성찰을 통해 우리는 타인을 있는 그대로 받아들일 수 있는 여지를 갖게 된다.

서로를 이해하고 함께 살아가기 위해서는 '공동의 언어'가 필요하다. 인문학은 바로 그런 언어, 즉 정의, 책임, 공감, 배려, 존중, 연대와 같은 가치를 제공한다. 이는 우리 사회의 대화와 소통, 나아가 공동체의 성숙을 가능하게 한다.

어떤 사회든 단지 법과 제도로만 유지되는 것이 아니라, 구성원 간의 이해와 공감, 신뢰라는 보이지 않는 토대 위에 세워져 있다. 인문학은 그러한 토대를 단단하게 만드는 데 꼭 필요한 역할을 한다.

더불어 인문학은 '나'와 '우리'를 동시에 돌아보게 한다. 자신을 이해할 수 있어야 타인을 이해할 수 있고, 공동체를 돌아보며 삶의 의미를 더 깊이 발견할 수 있다.

우리는 타인과의 관계 속에서 끊임없이 변화하고 성장한다. 그런 의미에서 인문학은 고립된 자아를 위한 학문이 아니라, 삶을 함께 배우고 나누기 위한 길이다.

결국 인문학은 삶에 대한 태도의 문제이다. 타인의 아픔에 귀 기울이고, 자신의 부족함을 인정하며, 다양한 가치와 삶의 방식을 존중하는 태도는 단지 교육이나 교양의 영역에 그치지 않는다.

그것은 우리가 더 나은 사람, 더 나은 사회로 나아가기 위해 반드시 함께 익혀야 할 삶의 자세이다.

인문학은 그렇게 우리에게 끊임없이 묻는다. "당신은 누구이며, 어떻게 살 것인가?" 그 물음에 대한 대답은 한 번에 완성되지 않는다.

우리는 살아가면서 수없이 넘어지고 흔들리지만, 인문학은 그 여정을 함께 걸으며 우리가 다시 일어설 수 있도록 돕는다.

그것이 바로 인문학이 삶 속에서, 사람들과 함께 살아 숨 쉬는 이유이다.

너그러움, 단단함,
다정함의 의미와 실천

살다 보면 마음이 좁아질 때가 있다. 사소한 말에 쉽게 상처받고, 누군가의 실수나 무례함에 예민하게 반응하게 된다. 그럴수록 스스로에게 묻게 된다.

어떻게 하면 더 너그러운 사람이 될 수 있을까? 어떻게 하면 상황에 휘둘리지 않고 내면의 중심을 지킬 수 있을까? 어떻게 하면 타인에게 다정한 사람이 될 수 있을까? 이 질문은 단순한 성격의 문제가 아니라, 삶의 태도와 방향을 묻는 인문학적 성찰로 이어진다.

너그러움은 타인의 실수나 다름을 있는 그대로 받아들이는 여유에서 시작된다. 그것은 약하거나 무심해서가 아니라, 깊은 이해와 성숙한 자기 인식에서 비롯된다.

누군가의 말이 거슬릴 때, 그 사람이 어떤 마음 상태에 있었는지, 어떤 배경과 감정 속에서 그런 행동을 했는지 생각해 보면, 분노보다는 연민이 앞설 때가 많다.

너그러움은 순간의 감정을 절제하고, 한 걸음 물러서서 상황을 바라보는 힘이다. 이는 타인을 향한 관용이자, 자신을 얽매이지 않게 하는 해방이기도 하다.

하지만 너그러움만으로는 충분하지 않다. 때로는 분명한 기준과 태도를 세워야 할 순간이 있다. 아무리 이해하려 해도 지켜야 할 선이 있고, 침해당하지 말아야 할 인격이 있다.

단단함은 자신의 한계를 알고, 그 경계를 지켜낼 수 있는 힘을 의미한다. 여기서 말하는 경계는 타인을 배제하거나 밀어내기 위한 벽이 아니라, 자신의 가치와 신념을 보호하고 흔들림 없이 살아가기 위한 울타리이다.

우리는 때때로 원칙을 고수하면서도, 그 원칙이 다른 사람을 통제하거나 억누르는 수단으로 변질되는 경우를 보게 된다.

하지만 진정한 단단함은 그렇게 남을 제압하는 방식이 아니라, 자신을 중심에 세우고 삶의 기준을 스스로 책임지는 자세에서 비롯된다. 즉, 원칙은 타인을 향한 무기가 아니라, 나 자신을 곧게 세우는 토대가 되어야 한다.

단단한 사람은 쉽게 무너지지 않지만, 벽처럼 굳어 있는 것도 아니다. 중심을 잡고 유연하게 대응할 수 있는 사람이 진정으로 단단한 사람이다.

상처를 받아도 회복할 수 있고, 공격을 받아도 적대하지 않으며, 자신의 생각을 분명하게 표현할 수 있는 내면의 힘—그것이 바로 단단함이다.

다정함은 상대의 말에 귀 기울이고, 그 사람의 고통이나 기쁨에 함께 반응하려는 태도다. 타인의 감정에 민감하게 반응하는 것은 약함이 아니라 깊은 공감의 표현이다.

진심 어린 말 한마디, 배려가 담긴 눈빛, 기다려주는 인내는 인간관계를 지탱해 주는 따뜻한 힘이다. 다정함은 삶을 부드럽게 하고, 사람 사이의 경계를 허물며, 서로를 향해 한 걸음 더 다가가게 만든다.

너그러움, 단단함, 다정함. 이 세 가지는 서로 반대되는 성질이 아니다. 오히려 함께 어우러질 때 비로소 균형 잡힌 인간관계가 가능해진다.

한없이 부드러우면서도 중심을 잃지 않는 단단함이 필요하고, 그 단단함이 날카로워지지 않기 위해서는 너그러움이 필요하다. 그리고 모든 것의 바탕에는 다정함이 있어야 한다. 다정함은 인간관계를 지속 가능하게 만드는 감정의 토대이기 때문이다.

이러한 성품은 타고나는 것이 아니라, 훈련과 성찰을 통해 길러진다. 자신의 감정과 반응을 관찰하는 일부터 시작해야 한다. 화가 났을 때 그 감정의 뿌리를 들여다보고, 누군가에게 실망했을 때 그 기대가 어디서 비롯되었는지 알아차리는 연습이 필요하다.

 더 나아가 다른 사람의 입장에서 상황을 바라보고, 말과 행동 뒤에 숨겨진 두려움이나 외로움을 상상해보는 마음의 노력이 요구된다. 이런 과정이 삶 속에서 너그러움, 단단함, 다정함을 실천하게 해준다.

 또한 삶의 어느 순간, 우리는 이 세 가지 중 어느 하나라도 부족했음을 깨닫게 된다. 누군가를 너무 쉽게 판단했거나, 자신의 상처에만 몰두해 타인의 마음을 헤아리지 못했거나, 반대로 타인을 지나치게 배려하다가 자신을 소진시켰던 기억들이 후회로 남기도 한다.

 인간은 완벽하지 않기에 누구나 실수를 한다. 그러나 그 실수는 단순한 잘못이 아니라, 스스로를 돌아보고 배우는 기회가 된다. 우리는 시행착오를 반복하면서 점점 더 현명해지고, 더 나은 사람으로 성장해 나갈 수 있다.

 사회가 각박해지고 관계가 피로해질수록, 이 세 가지의 가치는 더욱 중요해진다. 경쟁보다 협력, 지배보다 공존이 요구되는 시대에 우리는 서로를 이해하고 품어줄 수 있는 내면의 힘을 키워야 한다.

 그것은 거창한 윤리가 아니라, 일상에서 실천 가능한 삶의 태도다. 엘리베이터에서 먼저 인사하기, 누군가의 불편을 알아차리기, 실수한 동료를 다그치기보다 감싸주기—이런 작은 행동들이 우리 사회를 너그러움과 다정함으로 물들인다.

결국 너그러움이란 타인의 실수나 다름을 받아들이고, 그것을 용서할 수 있는 마음의 여유를 의미한다. 단단함은 흔들림 없이 자신을 지키는 힘이며, 이는 곧 자기 자신을 존중하는 태도에서 비롯된다. 다정함은 말과 행동 속에 따뜻함을 담아 타인에게 건네는 정서적 다리로, 관계를 지속시키고 서로를 연결하는 역할을 한다.

이처럼 너그러움, 단단함, 다정함은 단순한 성격 특성이 아니라, 삶을 살아가는 데 꼭 필요한 내면의 힘이자 인격을 이루는 근육과도 같다.

이러한 내면의 근육은 하루아침에 만들어지는 것이 아니라, 일상의 작은 선택과 실천을 통해 조금씩 길러지고 단단해진다. 꾸준히 실천하고 반복할 때, 우리는 비로소 진정한 인간다움을 향해 나아갈 수 있다.

따라서 우리가 하루하루 조금 더 너그럽고, 단단하고, 다정해지려는 노력을 멈추지 않는다면, 그것은 우리 자신의 삶뿐 아니라 주변 사람들의 삶까지도 따뜻하게 바꾸는 힘이 될 것이다.

9장

존재의 인문학을
삶에 적용하기

내면의 '나'를 만나는
구체적 방법들

우리는 하루에도 수없이 많은 감정과 생각을 경험하며 살아간다. 그러나 그 가운데 정작 중요한 질문 하나는 쉽게 지나친다. 바로 "나는 누구인가?"라는 질문이다.

이 물음은 단지 철학적인 사유를 위한 것이 아니라, 우리의 삶을 더욱 진실하게 살아가기 위한 출발점이 된다. 바쁜 일상과 외부의 평가 속에서 무심코 놓치기 쉬운 '내면의 나'를 마주하는 일은, 결국 자신과의 신뢰를 회복하고 삶의 방향을 정립하는 과정이다.

내면을 만난다는 것은 단순히 혼자 있는 시간을 갖는다는 의미가 아니다. 그것은 자신의 감정, 욕망, 상처, 가능성을 있는 그대로 바라보고, 그 안에서 진실을 발견해 나가는 일이다.

이를 위해 필요한 것은 특별한 도구나 환경이 아니라, 자신과의 정직한 만남을 위한 작은 실천들이다. 우리는 각자의 방식으로 내면에 다가갈 수 있으며, 그 시작은 바로 일상 속에서 가능하다.

첫 번째 실천은 감정을 있는 그대로 인식하는 것이다. 우리는 종종 감정을 억누르거나 외면한 채 다음 일정을 향해 나아간다. 그러나 감정은 억제할수록 왜곡되고, 무시할수록 삶에 그림자를 드리운다.

화가 날 때, 슬플 때, 두려울 때, "지금 내가 어떤 감정을 느끼고 있는가?"를 자문하는 일은 매우 중요하다.

감정에는 옳고 그름이 없으며, 그것은 단지 지금 이 순간 내 안에서 일어나고 있는 '사실'일 뿐이다. 그 사실을 있는 그대로 인정할 수 있을 때, 우리는 자신을 덜 비난하고, 더 따뜻하게 이해할 수 있다.

이와 함께 효과적인 방법 중 하나는 글쓰기다. 종이에 손으로 마음을 써 내려가는 일은 단순한 기록이 아니라, 내면과의 깊은 대화를 가능하게 해준다.

글을 쓰는 과정에서는 마음속에 흩어져 있던 감정을 차분히 정리하고, 복잡했던 생각을 한 줄씩 구조화할 수 있다. 이렇게 글로 자신의 내면을 들여다보는 동안, 평소에는 미처 인식하지 못했던 진심이나 바람을 새롭게 발견하는 순간이 찾아오기도 한다.

특히 '감정 일기'나 '감사 일기'를 쓰는 습관은 하루를 차분히 돌아보게 하고, 그날의 감정과 경험을 있는 그대로 마주하게 해 준다. 이를 통해 우리는 자신을 더 진솔하게 이해하고 받아들이는 연습을 할 수 있다.

타인의 시선에서 벗어나 오로지 자신에게 집중하는 이 시간은, 내면의 목소리에 귀 기울일 수 있는 가장 확실한 방법 중 하나다.

명상 역시 내면과 만나는 데 강력한 도구가 된다. 명상은 마음 속에 가득 찬 생각과 감정을 잠시 비워내는 일이고, 그런 마음의 움직임을 조용히 바라보는 일이다. 억지로 바꾸려 하거나 해결하려 하지 않고, 그저 지금 이 순간을 있는 그대로 받아들이며 아무것도 하지 않는 태도이기도 하다.

우리는 흔히 무언가를 하거나 성취해야만 의미가 있다고 느끼지만, 명상은 그 반대로 아무것도 하지 않고도 자신에게 다가설 수 있음을 일깨워준다.

조용한 공간에 앉아 호흡을 의식하고, 떠오르는 생각들을 판단하지 않고 흘려보내는 것만으로도 마음은 차츰 가라앉는다. 그 고요함 속에서, 미처 인식하지 못했던 감정이나 기억들이 떠오르기도 한다. 그것들은 우리가 잠시 잊고 지냈던 '진짜 나'의 조각들이다.

또 하나의 방법은 '타인과의 대화'를 통해 자신을 비추어보는 일이다. 아이러니하게도 우리는 때때로 타인의 시선과 언어를 통해 자신을 더 선명하게 인식하게 된다.

 진심 어린 대화를 나눌 수 있는 사람이 곁에 있다는 것은 내면을 탐색하는 데 큰 힘이 된다. 다시 말해, 말하면서 알게 되는 나, 들어주며 성장하는 나를 경험하는 것이다.

 하지만 이 대화는 평가나 충고가 아닌, 있는 그대로의 이야기를 들어주는 공감적 관계 속에서만 가능하다.

 우리는 때때로 누군가가 나를 있는 그대로 받아주고 이해해 줄 때, 처음으로 '나도 괜찮은 사람이구나'라는 마음이 들면서 비로소 나 자신을 받아들이게 된다. 진심 어린 수용과 공감은, 우리가 스스로를 바라보는 시선까지 바꿔 놓을 수 있는 힘이 있다.

 마지막으로 중요한 것은 일상의 선택을 통해 자신과 연결되는 일이다. 우리는 매일 수많은 선택을 하며 살아간다. 그 선택들이 타인의 기대가 아닌 자신의 내면에 기반할 때, 우리는 점점 더 자신다운 삶을 살아가게 된다.

 무엇을 먹을지, 누구와 시간을 보낼지, 어떤 일을 할지를 결정할 때마다 내 마음이 무엇을 말하고 있는지 살피는 것이 중요하다. 이는 거창할 필요가 없다. "오늘은 나를 위해 천천히 걷겠다"는 사소한 다짐에서도 내면과의 연결은 시작된다.

 결국 내면의 나를 만난다는 것은, 나를 억누르거나 바꾸려는 것이 아니라, 있는 그대로의 나를 알아차리고 존중하는 과정이다. 자기 이해는 자기 수용으로, 자기 수용은 자기 존중으로 이어진다. 그리고 이 모든 과정은 일상의 작고 구체적인 실천에서 비롯된다.

타인이 아닌 나 자신의 목소리를 듣고, 그 목소리에 책임 있게 응답하며 살아갈 때 우리는 보다 온전한 존재로 성장할 수 있다. 내면의 나와 연결되어 있다는 감각은 세상과의 연결을 다시금 회복시켜 준다.

따라서 진정한 의미에서 내면을 만난다는 것은, 자신의 감정과 생각, 상처와 욕망을 외면하지 않고 정직하게 마주하는 일이다. 그렇게 스스로를 깊이 이해하고 받아들일 수 있을 때, 우리는 외부 세계와도 더 조화롭게 관계를 맺을 수 있다.

결국 내면을 향한 이 솔직한 만남이야말로 외면의 삶을 더 진실하고 평화롭게 만들어 가는 첫걸음이 된다.

성장과 치유의
지속적 과정

우리는 흔히 상처를 치료하고 나면 삶이 다시 원래대로 돌아올 것이라 기대한다. 고통의 시간이 지나면 다시 웃을 수 있고, 실수에서 배운 교훈은 곧 성장의 씨앗이 될 것이라 믿는다.

그러나 실제 삶은 그렇게 단순하지 않다. 상처는 흔적을 남기고, 변화는 끊임없는 반복과 후퇴 속에서 천천히 이뤄진다.

성장과 치유는 완성되는 것이 아니라, 계속 이어지는 과정이다. 이 과정은 직선이 아니라 곡선이며, 앞만 보고 가는 것이 아니라 때로는 멈추고, 돌아보고, 다시 시작하는 것이다.

어떤 이는 성장을 '성공'으로 오해하고, 치유를 '완전한 회복'으로 착각한다. 하지만 성장의 진짜 모습은 종종 불안하고, 불편하며, 때로는 고통스럽기까지 하다.

치유 역시 마찬가지다. 단순히 아프지 않게 되는 것이 아니라,

아픔을 견디고 다루는 방법을 배워가는 것이다.

　우리는 상처가 사라져야만 온전해지는 것이 아니라, 상처를 안고도 살아갈 수 있을 때 비로소 건강해진다. 성장과 치유는 이처럼 불완전함을 안고도 앞으로 나아갈 수 있는 용기에서 비롯된다.

　사람은 경험을 통해 배운다. 그 경험이 기쁨일 수도 있지만, 대부분의 내면적 성장은 고통을 마주할 때 일어난다. 상실, 실패, 관계의 어려움은 우리의 내면을 흔들고, 동시에 자신을 돌아보게 만든다.

　왜 상처받았는지, 왜 반복되는 실수를 하는지, 무엇이 나를 힘들게 하는지를 묻는 질문은 치유의 출발점이 된다. 치유는 질문에서 시작되고, 성장은 그 질문에 답하려는 삶의 태도에서 자라난다.

　중요한 것은 이 과정이 시간이 걸리는 일이라는 점이다. 누구나 빠르게 회복하고 싶고, 빨리 나아지고 싶어 한다. 하지만 진짜 변화는 조급함이 아닌 인내 속에서 이뤄진다.

　나를 있는 그대로 바라보고, 과거의 나를 부정하지 않으며, 현재의 나를 존중하는 태도는 단번에 만들어지지 않는다. 그것은 하루하루 마음을 들여다보며, 꾸준히 자신과 대화하고 타인과 연결되려는 노력의 결실이다.

　우리는 때로 멈춰 서야 한다. 달리기만 하는 삶에서는 내가 어디쯤 와 있는지, 어느 방향으로 가고 있는지를 알 수 없다. 정체되어 있다고 느껴지는 시간, 아무 일도 일어나지 않는 것처럼 보이는 시간에도 마음속에서는 중요한 일들이 일어나고 있다.

침묵과 고요 속에서 치유의 씨앗이 자라고, 쉼과 기다림 속에서 성장이 시작된다. 그래서 '아무것도 하지 않는 시간'이 결코 헛된 것이 아님을 배워야 한다.

치유와 성장의 여정에는 '혼자 감당해야 할 몫'이 있는가 하면, 반드시 타인의 존재가 필요한 순간도 있다. 때로는 누군가의 말 한마디가 방향을 바꾸고, 어떤 이의 진심 어린 경청이 마음을 녹인다.

우리는 혼자 아플 수는 있지만, 그 아픔을 꼭 혼자만 감당해야 하는 것은 아니다. 관계 속에서 상처받기도 하지만, 관계 속에서 다시 회복되기도 한다. 그래서 인간의 회복력은 단지 '내면의 힘'만이 아니라, 함께할 수 있는 능력에서 비롯된다.

이러한 과정을 살아가는 데에는 용기와 자기 이해가 필수적이다. 나를 제대로 보려면 두려움을 마주해야 하고, 변화하려면 익숙함에서 벗어날 준비가 되어 있어야 한다.

때로는 나 자신이 가장 낯설게 느껴지기도 하고, 예상치 못한 모습에 실망하기도 한다. 하지만 그 모든 순간이 바로 성장의 일부다. 자신을 있는 그대로 받아들이는 것, 그 자체가 치유의 시작이자 성장의 밑바탕이 된다.

더 나은 사람이 되기 위한 여정은 경쟁이 아니라 회복의 흐름에 가깝다. 누군가보다 앞서가는 것이 중요한 게 아니라, 어제의 나보다 오늘 더 나를 이해하고 받아들이는 것이 진정한 변화다.

성장은 다른 사람과 비교해서 판단할 일이 아니라, 내가 얼마나 깊이 있게 나 자신을 이해하고 변화했느냐에 달려 있다. 내가 얼마나 멀리 왔는지가 아니라, 그 길을 걸으며 얼마나 솔직해졌고, 얼마나 나 자신에게 진실했는가가 중요하다.

이러한 과정은 결코 끝나지 않는다. 삶은 언제나 새로운 질문을 던지고, 우리는 그 질문에 답하며 다시 흔들리고, 다시 중심을 잡는다.

어느 날 갑자기 모든 것이 나아지는 순간은 오지 않는다. 대신 어느 날 문득, 예전보다 조금 더 부드러워진 말투, 조금 더 여유 있는 태도, 조금 더 단단해진 마음을 발견하게 된다. 그럴 때 우리는 알게 된다. '나는 아직 치유 중이지만, 분명히 성장하고 있구나.'

성장과 치유는 마치 나무가 자라는 것과 같다. 겉으로 보기엔 느리고 변화가 없어 보이지만, 뿌리는 계속해서 땅속 깊이 뻗어 나가고 있다.

비바람을 맞고도 꺾이지 않으려면 깊은 뿌리가 필요하다. 그 뿌리는 바로 자기 이해, 자기 수용, 그리고 반복되는 실천에서 자란다. 그래서 성장은 속도가 아니라 방향이고, 치유는 결과가 아니라 여정이다.

결국 우리는 모두 자기 삶을 치유하고 돌볼 책임을 가진 존재다. 삶에서 겪는 상처와 혼란, 불안과 고통은 누구도 대신 해결해 줄 수 없다. 아무도 내 마음속 깊은 곳까지 들어와 대신 살아줄 수 없기 때문이다.

그래서 우리는 스스로를 들여다보고, 이해하며, 회복하는 과정을 통해 조금씩 성장해 나가야 한다. 물론 그 여정을 반드시 혼자의 힘으로 감당할 필요는 없다.

비록 내 삶을 대신 살아줄 수는 없지만, 따뜻하게 곁을 지켜주고 함께 걸어줄 사람은 분명 존재한다. 우리는 그렇게 서로의 삶에 동행하며, 외롭지 않게 각자의 길을 걸어갈 수 있다.

이 고단하면서도 아름다운 여정을 살아가다 보면, 성장과 치유는 서로 다른 방향이 아닌, 같은 길 위를 함께 걸어가는 동반자임을 깨닫게 된다.

불확실성 속에서
존재하기

　우리는 늘 불확실성 속에 살고 있다. 내일의 날씨도, 누군가의 마음도, 나 자신의 미래도 확신할 수 없다. 그럼에도 우리는 살아가야 하고, 선택해야 하며, 때로는 사랑해야 한다. 불확실성은 피할 수 없는 조건이며, 삶의 또 다른 이름이다.

　과거를 돌아보면, 우리는 언제나 다음 단계를 확신하지 못한 채 걸음을 옮겨왔다. 학교를 정할 때도, 직업을 선택할 때도, 누군가를 믿기로 결정할 때도 미래를 온전히 알 수 없었다. 그렇기에 불확실성은 실패나 혼란의 원인이라기보다, 우리가 매 순간 새롭게 존재하고 있다는 증거이기도 하다.

　인간은 본능적으로 확실함을 원한다. 계획을 세우고, 통제 가능한 삶을 추구하며, 예측 가능한 미래를 기대한다. 그런 안정감 속에서 정체성을 확인하려 한다.

그러나 삶은 언제나 우리의 예측을 비껴간다. 뜻하지 않은 병, 예기치 못한 관계의 끝, 한순간의 사고, 세상의 변화는 끊임없이 우리가 기대한 미래를 흔든다.

불확실성은 불편하다. 그것은 마치 길이 없는 숲속을 걷는 것 같다. 방향도, 목적지도, 도착 시간도 알 수 없다. 하지만 바로 그 숲속에서 우리는 비로소 자기 존재의 실감을 경험하게 된다.

모든 것을 알고 있을 때가 아니라, 모를 때에야 우리는 진심으로 묻고, 듣고, 선택하고, 받아들이게 된다.

불확실성을 견딘다는 것은 단지 기다리는 것을 의미하지 않는다. 그것은 미지의 시간을 두려움으로 채우는 대신, 그 순간을 살아가는 힘을 기른다는 뜻이다. 그 힘은 자기 자신에 대한 신뢰에서 시작된다.

'어떤 상황이 와도 나는 그것을 감당할 수 있다'는 믿음, '지금 당장은 몰라도 결국 알게 될 것'이라는 태도, 그리고 '지금 이 자리에서도 나는 의미 있게 존재할 수 있다'는 확신이 우리를 지탱한다.

그런 신뢰는 거창한 결심이 아니라, 일상의 작고 단순한 행위 속에서 자라난다. 매일 아침 이부자리를 정리하고, 좋아하는 음악을 듣고, 누군가의 말을 깊이 경청하며, 손으로 글을 써보는 일과 같은 루틴은 우리가 흔들릴 때 중심을 잡아주는 닻이 되어 준다.

우리는 흔히 확신이 있어야 행동할 수 있다고 생각하지만, 사실 대부분의 창조적인 일들은 불확실할 때 비로소 시작된다. 글을 쓰는 것도, 예술 활동을 하는 것도, 사람과 관계를 맺는 것도 모두 그런 불확실함 속에서 이루어진다.

내가 이 말을 해도 괜찮을지, 이 마음을 건넬 수 있을지, 끝이 어떻게 될지 모르는 불안 속에서 우리는 용기를 낸다. 그리고 그 용기야말로 존재의 증거다.

우리가 어떤 말을 하든, 어떤 선택을 하든, 그것은 불확실한 상황 속에서도 살아 있다는 증거다. 실패할지도 모르지만 용기를 내어 표현하고, 끝이 어떻게 될지 몰라도 시작하는 사람만이 진짜 삶을 살아가는 것이다.

불확실하다는 것은 아직 모든 것이 결정되지 않았다는 뜻이다. 그리고 결정되지 않았다는 것은, 지금 이 순간에도 여러 가능성이 열려 있다는 의미이기도 하다.

확실한 상황에서는 길이 정해져 있어 선택의 폭이 좁지만, 불확실한 상황에서는 다양한 길이 동시에 열려 있다. 그래서 불확실성은 우리를 막막하게 만들기도 하지만, 동시에 새로운 방향으로 나아갈 기회를 주기도 한다.

물론 이러한 가능성은 때로 부담스럽게 느껴질 수 있다. 선택의 자유는 그만큼 결과에 대한 책임을 요구하고, 지나치게 많은 가능성은 오히려 방향 감각을 흐리게 만들 수 있다.

그러나 바로 그 혼란 속에서 우리는 더 깊이 고민하고, 더 나은 선택을 위해 자신과 삶을 돌아보게 된다. 이렇게 불확실성은 혼란을 안고 있지만, 동시에 성장과 변화의 문을 열어 주는 중요한 조건이 될 수 있다.

따라서 우리는 이 열린 상태에서 배운다. 선택하는 법, 기다리는 법, 내려놓는 법, 그리고 무엇보다 자기 자신을 믿는 법을 배우는 것이다.

중요한 것은 불확실함을 없애는 것이 아니라, 그것과 공존하는 방법을 익히는 일이다. 두려움을 인정하되 그것에 사로잡히지 않고, 예측할 수 없는 상황 속에서도 성실하게 살아가는 태도를 터득해야 한다.

우리는 불확실성을 통제할 수는 없지만, 그 속에서 살아가는 우리의 태도는 선택할 수 있다. 명확하지 않아도 계속 나아가는 사람, 보이지 않아도 손을 뻗는 사람, 길이 없어 보여도 스스로 길을 만들어 가는 사람이 될 때, 우리는 비로소 불확실한 삶을 주체적으로 살아가는 존재가 된다.

불확실성은 우리에게 불안과 두려움을 안겨주는 원인이 되기도 하지만, 동시에 우리가 살아 있음을 느끼게 해 주는 중요한 조건이 되기도 한다.

모든 것이 예측 가능하고 정해져 있는 확실한 상황에서는 마음이 편안해지고 안정감을 느낄 수 있다. 그러나 그런 안정만으로는 새로운 깨달음이나 변화가 일어나기 어렵다.

오히려 앞이 보이지 않는 불확실한 상황 속에서 우리는 고민하고 선택하며, 그 과정에서 조금씩 성장해 나간다. 실수와 실패를 겪더라도, 그 안에서 배우고 변화하는 경험을 통해 우리는 더 깊이 있는 존재로 나아갈 수 있다.

결국 불확실성은 삶을 더 풍요롭고 의미 있게 만들어 주는 성장의 기회가 되기도 한다.

삶은 본래 불확실하다. 하지만 그 안에서도 우리는 사랑하고, 배워 가고, 살아낸다. 그리고 그것이야말로 인간다운 삶이며, 불확실성 속에서도 존재할 수 있는 용기다.

존재와 함께하는 삶의 기쁨과 도전

우리는 늘 삶의 의미를 묻는다. 왜 살아야 하는가? 어떻게 살아야 하는가? 나는 누구인가? 이런 질문들은 어느 특별한 순간에만 떠오르는 것이 아니라, 일상의 숨결처럼 늘 우리 곁에 머문다.

삶은 단지 생존을 이어가는 것이 아니라, 나라는 존재를 온전히 받아들이고 살아가는 일이기 때문이다. 그래서 우리는 날마다 존재의 무게와 기쁨 사이에서 흔들리며 살아간다.

존재한다는 것은 단순히 그저 그 자리에 '있다'는 상태만을 의미하지 않는다. 그것은 단순한 생물학적 생존을 넘어 '스스로 느끼고 반응하며, 지나간 일을 기억하고, 그 경험에 의미를 부여하면서 살아간다'는 것을 뜻한다.

다시 말해, 존재한다는 것은 단지 살아 있는 것이 아니라, 삶을 인식하고 해석하며 살아가는 주체가 된다는 의미다.

우리는 타인의 시선 속에서 자신을 인식하고, 타인의 존재를 통해 나의 자리를 확인한다. 존재는 고립된 개체가 아니라 서로에게 닿아 있는 연결망 속에 있다.

따라서 '존재를 깊이 이해한다'는 것은 단순히 어떤 사람이나 사물의 본질을 아는 데에서 그치는 것이 아니다. 그것은 그 존재가 어떤 방식으로 살아가고 있는지를 살펴보고, 나와 어떤 관계를 맺으며 함께 살아갈 수 있을지를 고민하는 과정을 포함한다.

다시 말해, 존재를 이해한다는 것은 곧 그 존재와 조화롭게 살아가기 위한 삶의 태도와 방식을 성찰하는 일이다.

삶과 존재는 따로 떨어질 수 없다. 삶은 존재의 표현이고, 존재는 삶의 조건이다. 우리가 하루하루를 살아가는 방식에는 우리 자신을 어떻게 바라보는지가 스며 있다.

자신을 있는 그대로 받아들이지 못하는 사람은 삶에서도 자신을 방어하거나 피하려 한다. 반대로 자신의 존재를 인정하고 존중하는 사람은 삶의 작고 큰 기쁨들을 더 깊이 느낄 수 있다. 삶이 도전으로 가득한 이유는, 우리가 살아 있는 존재이기 때문이다.

존재와 함께 살아간다는 것은 단순히 시간을 통과하는 일이 아니다. 그것은 매 순간 나를 인식하고, 나 자신을 마주히며 살아가는 일이다.

기쁨은 그런 과정에서 발견된다. 타인과 연결되고, 자연과 교감하며, 나 자신과 화해하는 경험은 모두 존재하는 나에게 주어지는 선물이다.

하지만 기쁨만 있는 것은 아니다. 존재한다는 것은 불안과 책임도 함께 감당하는 것이다. 우리는 선택의 자유를 누리지만, 동시에 그 결과를 책임져야 한다.

사랑하고, 실패하고, 다시 일어서는 모든 경험은 살아 있는 사람만이 할 수 있는 일이다. 기쁨이 크다는 것은 그만큼 그 기쁨을 얻기까지의 길이 쉽지 않다는 뜻이기도 하다.

마음을 다해 원하는 것을 향해 나아갈수록 더 큰 불안과 실패의 가능성도 함께 따라온다. 그래서 진정한 기쁨은 언제나 도전과 용기를 동반한다. 삶은 언제나 계획대로 흘러가지 않으며, 존재는 고정된 상태가 아니다.

우리는 매일 새로운 질문 앞에 서고, 그 질문에 나름의 답을 하며 살아간다. 그렇기에 삶은 '완성된 무언가'가 아니라 '계속되는 과정'이고, 존재는 '고정된 정체성'이 아니라 '끊임없이 변화하는 흐름'이다.

진정한 존재로서 살아간다는 것은, 결국 자신의 삶에서 진실해지려는 꾸준한 노력을 의미한다. 이는 타인의 기대나 사회의 기준에 휘둘리지 않고, 자신의 내면에 귀를 기울이며 '나는 누구인가', '어떻게 살아야 하는가'를 스스로에게 묻고 답해 가는 과정이다.

 그렇게 자신만의 고유한 길을 걸으며 나다운 삶의 형태를 하나하나 만들어 가는 것이야말로, 온전한 존재로서 살아가는 기쁨이다.

 하지만 이러한 길은 결코 쉽지 않다. 때때로 깊은 외로움이 찾아오고, 스스로에 대한 확신이 흔들릴 수도 있다. 이 길은 누구도 대신 걸어 줄 수 없는 여정이며, 오직 나 자신만이 책임지고 걸어야 하기 때문에 더욱 그렇다. 바로 그 점에서 이 길은 외롭고 고될 수 있지만, 동시에 가장 진실하고 의미 있는 길이기도 하다.

 우리는 때때로 존재의 무게에 눌린다. 누구에게도 설명할 수 없는 외로움, 말없이 쌓여가는 불안, 끊임없이 비교하게 되는 삶의 기준들조차도 우리가 살아 있다는 증거다.

 불완전함과 흔들림 속에서도 포기하지 않고 나아가는 것, 그것이 존재와 함께하는 삶의 본질이다.

 삶은 우리에게 완벽할 것을 요구하지 않는다. 다만, 지금 여기 존재하는 나를 인정하고, 그 순간을 충실히 살아가길 바란다. 때로는 실패하고, 때로는 길을 잃더라도, 나를 믿고 계속 걸어가는 것이 삶의 기쁨이자 동시에 도전이다.

 존재를 외면하지 않고 마주할 수 있는 용기란, 자신 안에 있는 두려움과 혼란, 때로는 상처까지도 피하지 않고 정직하게 바라보려는 태도를 의미한다. 이러한 태도는 누구나 겪는 인간적인 어려움을 회피하지 않고, 있는 그대로 받아들이려는 마음에서 비롯된다.

이처럼 자신의 내면과 삶의 진실을 정직하게 바라보는 용기는 특별한 사람만이 가질 수 있는 능력이 아니다. 그것은 우리 모두가 일상 속에서 천천히 길러갈 수 있는, 가장 깊고도 인간적인 힘이다.

존재와 함께하는 삶이란, 결국 지금 이 순간을 살아가는 일이다. 미래의 불안에 휘둘리지 않고, 과거의 후회에 머무르지 않으며, 지금의 나를 있는 그대로 받아들이는 것이다.

그렇게 한 걸음씩 나아갈 때 우리는 비로소 삶의 기쁨을 누리고, 도전 앞에서도 흔들리지 않는 힘을 지닐 수 있다. 존재는 이미 우리가 받은 가장 확실한 선물이며, 삶은 그 존재를 펼쳐 보이는 여정이다.

미래를 향한
존재의 여정 설계하기

우리는 모두 어딘가를 향해 나아간다. 어떤 날은 그 방향이 또렷하게 보이지만, 또 어떤 날은 막연한 기대와 불안 사이에서 한 걸음씩 옮길 뿐이다.

삶은 정해진 궤도를 따라 움직이는 기차가 아니라, 매 순간의 선택과 질문으로 형성되는 길이다. 그러므로 우리는 묻지 않을 수 없다.

나는 지금 어디에 있으며, 어디로 가고 있는가? 그리고 내가 정말로 바라는 미래는 어떤 모습일까?

미래는 아직 오지 않은 시간인 동시에, 지금 이 순간의 태도와 선택이 만들어 내는 과정이다. 다시 말해, 미래는 단순히 시간이 흐르면 도달하게 되는 '장소'가 아니라, 현재를 어떻게 살아가느냐에 따라 매 순간 새롭게 빚어지는 삶의 연속선이다.

그렇기에 미래를 설계한다는 일은 곧 현재를 성찰하는 일과 다르지 않다. 우리가 진정 원하는 미래를 향해 나아가고자 한다면, 먼저 우리 존재의 본질과 방향을 스스로에게 물어야 한다.

삶은 주어지는 것이 아니라 만들어 가는 것이라는 점에서, 여정은 '무엇을 할 것인가'보다 '어떻게 존재할 것인가'를 묻는 성찰에서 출발한다.

사회적 기대나 타인의 시선에 휘둘리기보다, 자신의 목소리를 중심에 두고 삶을 직접 설계할 때 우리는 수동적 수용자가 아닌 능동적 창조자가 된다.

속도가 방향을 대신할 수 없다는 사실도 잊어서는 안 된다. 현대 사회는 끊임없는 성장을 요구하며, 빠른 속도를 성공의 척도로 내세운다.

그러나 목적 없는 성장은 방향 잃은 속도일 뿐, 결국 공허함만을 남긴다. 미래를 설계한다는 것은 성취를 야망처럼 나열하는 일이 아니라, '무엇을 위해 살아갈 것인가'라는 근원적 질문에 스스로 답을 찾는 과정이다.

세상에는 셀 수 없이 많은 길이 있지만, 모든 길이 나에게 맞는 길은 아니다. 타인의 성공을 모방하거나 사회적 기준에 맞춰 길을 고를 때 우리는 결국 자신을 잃어 간다.

비교가 아닌 관찰, 경쟁이 아닌 성찰을 통해 자신만의 리듬과 속도를 찾아갈 용기를 가질 때, 비로소 나만의 여정이 시작된다.

불확실성은 미래의 본질적 조건이다. 아무리 치밀한 계획을 세워도 모든 일이 그대로 이루어지지는 않는다.

중요한 것은 예측이 아니라, 변화 속에서도 중심을 잃지 않는 내면의 힘이다. 이 힘은 자기 이해와 자기 수용에서 비롯된다. 부족함과 한계를 인정하면서도 끊임없이 성장하려는 태도가 여정을 흔들림 없이 이어 준다.

삶의 의미는 외부에서 주어지지 않는다. 성공·인정·안정 같은 결과를 의미의 증거로 삼을 수도 있지만, 진정한 의미는 삶을 대하는 관점과 태도에서 비롯된다.

어떤 일을 하든, 어떤 상황에 놓이든, 그 안에서 자신의 가치를 발견하고 타인과 깊이 연결되려는 노력이야말로 의미 있는 삶을 이루는 핵심이다.

존재의 여정을 설계한다는 것은 단순히 앞으로 어떤 모습으로 살아갈지를 미리 계획하고 정해두는 일이 아니다. 오히려 지금 이 순간에 집중하며, 현재의 삶을 더 깊이 살아내려는 태도를 뜻한다.

다시 말해, 막연한 기대나 불안에 사로잡히기보다는, 오늘 하루를 어떻게 의미 있게 채워나갈지를 고민하고 실천하는 것이 곧 존재의 여정을 만들어가는 과정이다. 우리는 이처럼 순간순간의 선택과 경험을 통해 자신만의 삶의 방향을 조금씩 구체화해 나간다.

우리는 결코 혼자 걷지 않는다. 타인과의 관계, 공동체와의 연결, 자연과의 조화 속에서 존재는 더욱 깊어지고 확장된다.

경쟁 대신 협력, 소유 대신 나눔을 지향할 때 개인의 미래뿐 아니라 모두의 미래 또한 밝아질 수 있다.

그러므로 미래를 향한 여정은 개인적 성공의 추구를 넘어, 더 넓은 차원에서의 공존과 상생을 모색하는 길이다.

미래는 아직 오지 않았지만, 그것을 만드는 힘은 바로 지금 여기에 있다. 현재의 선택과 태도, 관계와 사유가 쌓여 내일을 결정한다.

그러므로 미래를 설계한다는 것은 먼 훗날을 미리 예측하는 일이 아니라, 지금 이 순간의 삶의 태도와 방식을 정성껏 가꾸는 일이다.

우리가 지금 이 순간을 충실히 살아갈 때, 미래는 그에 걸맞은 모습으로 조금씩 모습을 드러낼 것이다.

결국 미래는 주어지는 선물이 아니라 스스로 빚어 가는 작품이다. 그 여정은 불확실하고 때로 고단하겠지만, 자신만의 길을 묵묵히 걸어가는 이들에게 삶은 깊이와 의미를 아끼지 않는다.

자신을 알고 사랑하며 성장시키는 일은 하루아침에 끝나는 과업이 아니라 평생에 걸쳐 이어지는 긴 여정이다. 우리가 오늘을 충실히 살아갈 때, 미래는 이미 우리의 발아래에서 자라고 있음을 기억하자.

10장

성 장 과
자 아 실 현 의 길

자기 인식과
성찰의 지속성

　자기 인식은 자신에 대한 이해에서 출발한다. 자신이 무엇을 느끼고, 어떤 생각을 하며, 왜 그런 반응을 보이는지를 들여다보는 일은 단순한 관찰을 넘어 삶의 방향을 재정립하는 중요한 과정이다.
　우리는 하루에도 수없이 많은 감정과 사고를 경험하며 살아가지만, 그중 대부분은 무의식적으로 흘러가고 만다. 그러나 그 무의식적인 흐름 속에서 멈추어 자신을 들여다보는 순간, 진정한 자기 인식이 시작된다.
　자기 인식은 고정된 상태가 아니라 변화하는 흐름 속에서 이루어진다. 오늘의 나는 어제의 나와 같지 않으며, 내일의 나 역시 또 다른 모습일 것이다.
　그러므로 자신을 이해하고자 한다면, 지금 이 순간에 머무르면서도 과거의 흔적과 미래에 대한 가능성까지 함께 조망해야 한다. 자기 인식이란 결국, 자신에게 꾸준히 관심을 기울이고 솔직하게 마주함으로써 자신을 더 잘 이해하고 친숙해지는 과정이다.

성찰은 자기 인식의 연장선상에 있다. 성찰이란 단순히 지나간 일을 반성하는 것을 넘어, 지금 내 삶이 어디로 가고 있는지 되돌아보고 그 안에서 의미를 찾아보는 일이다.

우리는 때로 삶이 흐르는 대로 움직이다 보면, 무의식적으로 익숙한 패턴에 자신을 가두게 된다.

그 패턴이 효율적이고 편안해 보일지라도, 거기에는 자신의 내면이 소외되거나 억압된 채로 남아 있을 수 있다. 이럴 때 성찰은 그 틈을 비추는 빛이 된다.

내가 왜 이 길을 선택했는지, 무엇을 잃고 무엇을 얻었는지, 지금의 나는 어떤 가치를 중심에 두고 살아가고 있는지를 묻는 일은 존재를 더욱 깊이 있게 만든다.

그러나 자기 인식과 성찰이 진정한 힘을 발휘하려면, 그것이 일시적인 통찰에 그쳐서는 안 된다. 중요한 것은 그것을 '지속하는 힘'이다.

마음이 고요한 날에는 자신을 돌아보는 일이 비교적 쉬울 수 있다. 하지만 삶이 복잡하고 바쁠수록, 우리는 자주 자기 자신으로부터 멀어진다.

외부의 기대와 타인의 시선 속에서 나를 잃고, 그 틀에 맞추기 위해 끊임없이 조율하다 보면 내면의 목소리는 점점 희미해진다. 그렇기에 자기 인식과 성찰은 삶의 중심에 놓여야 하며, 그 지속성을 유지하기 위한 일상적 노력이 필요하다.

지속적인 성찰은 자신을 판단하는 것이 아니라, 이해하려는 태도에서 출발한다. 실수한 자신에게도 관대할 수 있고, 과거의 미숙함을 비난하는 대신 그 안에서 성장의 흔적을 찾을 수 있다면, 그것은 이미 변화의 시작이다.

자기 인식이 성찰로 이어지고, 성찰이 실천으로 확장될 때 비로소 삶은 더 깊고 단단해진다. 그렇게 삶의 궤적은 무의미한 반복이 아닌, 점진적인 성숙의 과정이 된다.

지속적인 자기 인식은 타인과의 관계에서도 중요한 역할을 한다. 자신의 감정을 분명히 알고 있는 사람은 타인의 감정에도 민감하다. 자기 자신과의 관계가 건강한 사람은 타인과의 관계에서도 불필요한 오해를 줄이고, 보다 진정성 있는 소통을 할 수 있다.

성찰은 타인을 비난하거나 평가하기 이전에, 나의 태도와 언어, 감정을 먼저 살펴보게 만든다. 이는 곧 관계의 질을 높이는 기초가 되며, 공동체 속에서 더 조화로운 삶을 가능하게 한다.

또한 자기 인식과 성찰은 빠르게 변하는 사회 속에서도 흔들리지 않고 자신을 지킬 수 있는 내면의 중심을 만들어 준다. 사회는 끊임없이 새로운 기준과 가치를 요구하고, 우리는 그 안에서 방향을 잃기 쉽다.

그러나 자기 인식을 통해 내면의 나침반을 세우고, 성찰을 통해 스스로의 가치를 점검할 수 있다면, 외부의 변화에 휘둘리지 않고도 자신만의 길을 걸어갈 수 있다.

이는 삶의 방향을 능동적으로 선택하는 힘이 되며, 자신이 진정으로 원하는 삶을 살아갈 수 있는 기반이 된다.

이러한 자기 인식과 성찰의 지속성은 결국 인간다운 삶을 가능하게 한다. 기술이 발전하고 정보가 넘쳐나는 시대일수록, 오히려 인간 내면에 대한 이해는 더 절실해진다.

무엇이 나를 움직이게 하는지, 나는 어떤 관계 속에서 살아가고 있는지, 삶의 궁극적인 의미는 무엇인지에 대한 질문은 결코 낡거나 쓸모없는 것이 아니다. 그것은 인간다운 삶을 지키기 위한 중요한 물음이며, 생존을 넘어 삶을 온전히 살아 있게 만드는 전환점이 된다.

자기 인식과 성찰은 단번에 완성되는 능력이 아니다. 그것은 매일의 삶 속에서 끊임없이 연습하고 다듬어야 하는 삶의 태도다.

조용한 공간에 앉아 스스로를 바라보고, 내면의 소리에 귀 기울이는 시간은 그 자체로 삶의 질을 높여 준다. 때로는 질문만 남고 답을 찾지 못한 채 하루를 마감할 수도 있다. 그러나 그 질문을 멈추지 않는 한, 우리는 한 걸음씩 더 깊은 나에게 다가갈 수 있다.

  결국 자기 인식과 성찰의 지속성은 삶을 주체적으로 살아가게 한다. 남이 정해 준 기준에 맞춰 살아가는 것이 아니라, 내가 나를 이해하고 선택한 방향으로 걸어가는 삶이야말로 진정한 자유이며, 인간다운 성숙이다.

  지금 여기서 나의 감정을 인식하고, 나의 말과 행동을 돌아보며, 매일의 삶에서 의미를 찾는 연습을 해나간다면, 우리는 조금씩 더 단단한 존재로 성장할 수 있다.

  자신을 바라보는 일은 결코 두렵거나 고통스러운 일이 아니다. 오히려 그것은 나 자신을 더 깊이 사랑하게 되는 길이자, 타인을 더 깊이 이해하게 되는 출발점이다.

  자기 인식과 성찰이 지속되는 삶, 그것은 불확실한 미래 속에서도 흔들리지 않는 자기만의 중심을 지닌 삶이다. 그리고 바로 그 지점에서, 우리는 진정한 의미의 '나'로 존재하게 된다.

타인과의 관계에서
피어나는 존재감

　사람은 혼자 존재할 수 없다. 누구나 다른 사람들과의 관계 속에서 자라나고, 정체성을 형성하며, 삶의 의미를 발견한다.
　우리는 타인의 말, 시선, 행동 속에서 자신을 인식하고, 그 인식이 쌓여 '나'라는 존재가 구체화된다. 다시 말해 존재감은 나 홀로 만들어내는 것이 아니라, 타인과의 관계 속에서 피어나고 다듬어지는 것이다.
　인간은 사회적 존재다. 이는 단순히 다른 사람들과 함께 살아간다는 의미를 넘어, 타인의 존재가 곧 나의 존재에 영향을 미친다는 뜻이다.
　어릴 적 부모의 따뜻한 말 한마디, 친구의 격려, 연인의 신뢰는 우리 존재의 뿌리를 다져준다. 반대로 무관심, 외면, 비난은 깊은 상처로 남아 자존감과 존재감을 흔들기도 한다.

타인의 반응은 때로 거울처럼 우리의 모습과 가치를 비춰준다. 그런 점에서 우리는 항상 누군가의 시선 속에서 스스로를 확인하고, 그렇게 자신의 위치와 방향을 조정하며 살아간다.

그러나 타인의 시선이 항상 긍정적인 것은 아니다. 때때로 우리는 오해, 평가, 비교 속에서 위축되거나 스스로를 잃기도 한다.

타인의 기준에 맞추기 위해 애쓰다 보면 진정한 자신과 멀어지기도 하고, 관계에서 기대받는 모습에 맞추느라 마음의 무게가 커지기도 한다. 그렇기에 타인과의 관계는 존재감을 북돋우는 동시에, 그 존재를 가리거나 억누를 수도 있는 양면성을 지닌다.

그럼에도 불구하고, 우리는 관계 속에서 진정한 나를 찾아갈 수 있다. 중요한 것은 타인의 반응에 휘둘리는 것이 아니라, 그 반응을 통해 자신을 성찰하고 성장의 기회로 삼는 일이다.

나를 인정해 주는 사람이 곁에 있을 때 우리는 용기를 얻고, 도전할 힘을 얻게 된다. 반면에 때로는 상처받는 관계를 통해서도 우리는 스스로를 되돌아보고 더 단단해지는 법을 배운다. 결국 관계는 '온전한 나'를 키우는 토양이자, 존재감을 확인하는 거울이다.

현대 사회에서 관계는 점점 복잡하고 얕아지고 있다. SNS를 통한 연결은 물리적 거리를 좁히지만, 정서적 거리는 오히려 멀어질 수 있다. 우리는 '좋아요'와 '댓글'로 존재를 확인받기도 하지만, 그 안에서 진정한 관계를 느끼기란 쉽지 않다.

많은 사람이 관계 속에서 소외감을 느끼고, '나'라는 존재가 사라지는 듯한 공허함을 경험한다. 존재감은 단순한 관심이나 반응에서 비롯되는 것이 아니라, 깊이 있는 소통과 진정성 있는 관계 속에서 피어나는 것이기 때문이다.

그렇다면 우리는 어떻게 타인과의 관계 속에서 존재감을 건강하게 피워낼 수 있을까?

첫째, 자신을 있는 그대로 받아들이는 태도가 필요하다. 자기 자신을 있는 그대로 존중하지 않으면 타인의 인정에만 의존하게 되고, 이는 쉽게 상처받는 상태로 이어진다. 자기 인식과 자기 수용은 건강한 관계의 출발점이며, 존재감을 스스로 지켜내는 힘이다.

둘째, 진정한 관계를 맺으려는 노력이 필요하다. 겉으로 드러나는 말이나 행동보다, 마음을 열고 서로의 내면에 다가가려는 자세가 깊은 관계를 만든다. 이때 비로소 우리는 타인 안에서 '나'를 발견하고, 타인도 나를 통해 자신을 확인할 수 있다.

셋째, 경청의 태도는 관계를 회복시키는 가장 강력한 힘이다. 타인의 말을 온전히 듣고, 그 사람의 마음에 귀를 기울이는 것은 존재를 존중하는 가장 근본적인 방식이다. 우리는 누군가 진심으로 자신의 이야기를 들어줄 때, 비로소 자신이 '존재하는' 느낌을 받는다.

이처럼 '경청 받는 경험'은 스스로를 소중히 여기게 만드는 밑거름이 된다. 타인의 존재감을 인정해 주는 행위는 나의 존재감 또한 성장시키는 선순환을 만든다.

마지막으로, 관계 속에서 생기는 갈등이나 충돌 역시 피해야 할 것이 아니라, 성찰과 이해의 계기로 삼아야 한다. 갈등은 종종 서로 다른 세계가 만날 때 발생한다.

이때 중요한 것은 상대의 입장을 이해하려는 노력과, 자신의 감정을 솔직하게 표현하는 용기다. 이러한 과정을 통해 관계는 단단해지고, 그 안에서 존재감은 더욱 깊어진다.

타인과의 관계 속에서 피어나는 존재감은 외부의 인정을 통해 생겨나는 것이 아니라, 관계 안에서 나 자신을 발견하고, 그것을 존중받을 때 생겨난다.

따라서 관계는 단지 사회적 연결망이 아니라, 인간 존재의 의미를 형성하는 중요한 기반이다. 관계가 없다면 존재도 흔들리고, 존재감은 사라진다.

결국 우리는 타인을 통해 '나'를 배우고, 나를 통해 다시 타인과의 관계를 새롭게 써 내려간다. 그 과정에서 존재감은 단단해지고, 삶은 더욱 의미를 얻는다.

타인과의 관계는 단지 외부와의 연결이 아니라, 내면의 자신을 발견하고 성장시키는 여정이며, 그 속에서 우리는 비로소 삶의 진정한 의미를 실감하게 된다.

반복과 꾸준함이 만드는
삶의 태도

　우리는 삶을 변화시키는 거대한 사건을 종종 상상하곤 한다. 단 한 번의 영감, 결정적인 결단, 혹은 단숨에 모든 것을 뒤바꾸는 극적인 전환점을 꿈꾼다.
　그러나 실제로 삶을 변화시키는 힘은 놀랍도록 조용하고 평범한 곳에서 비롯된다. 그 힘은 바로 '반복'과 '꾸준함'이라는, 어쩌면 다소 지루하게 느껴질 수 있는 두 단어에 숨어 있다.
　매일 같은 시간에 눈을 뜨고, 같은 자리에 앉아 책을 펼치며, 익숙한 길을 걷는 것처럼 반복되는 일상 속에서 우리는 점차 자신만의 삶의 태도를 형성해 간다.
　처음부터 꾸준함을 유지하는 일은 결코 쉽지 않다. 반복은 때때로 지루함을 불러오고, 때로는 그 행위 자체가 무의미하게 느껴지기도 한다.

어떤 날은 방향을 잃은 채, 계속 무언가를 한다는 것이 오히려 자신을 소모시키는 것처럼 여겨지기도 한다.

그러나 이러한 감정은 반복의 본질을 잘 보여 준다. 반복은 감정의 기복과 상관없이 지속하는 힘이며, 즉각적인 의미를 확인할 수 없어도 포기하지 않는 끈기다. 이 힘은 하루 이틀의 열정으로는 도달할 수 없는 깊이, 다시 말해 삶의 내공을 길러낸다.

매일 같은 시간에 글을 쓰거나 운동을 하는 사람은 알고 있다. 하루치의 변화는 미미하고, 그날의 성취는 기대만큼 만족스럽지 않을 수도 있다.

하지만 1년, 5년의 시간이 지나면 그 반복은 결코 사소하지 않다. 그것은 단순한 결과로서의 글이나 신체의 변화에 그치지 않는다.

그 안에는 자신이 선택한 일을 끝까지 해내려는 인내와 책임감, 그리고 자신을 믿는 힘이 함께 축적되어 있다. 반복은 결과보다 태도를 만든다. 매일 앉는 책상, 매일 나누는 인사, 매일의 다짐은 우리를 조금씩 더 단단하게 성장시킨다.

꾸준함이 만들어 내는 삶의 태도란, 곧 자기 자신과의 신뢰를 쌓는 과정이다. 반복은 타인의 평가나 인정과는 거리를 둔다. 오히려 타인의 시선이 닿지 않는 조용한 자리에서, 스스로에게 진실하고 충실해지는 연습이다.

무언가를 지속한다는 것은 늘 결과가 보장되지 않더라도 그 일을 계속하겠다는 마음가짐을 의미한다.

그 반복 속에서 우리는 자신에게 질문하고, 기다리고, 마침내 스스로를 신뢰하게 된다. 흔들리지 않는 삶의 중심은 바로 이 신뢰 속에서 자라난다.

물론 꾸준함은 완벽함과는 다르다. 반복을 지속하다 보면 중간에 놓치는 날도 있고, 포기하고 싶을 만큼 지치는 순간도 있다. 그러나 진짜 중요한 것은 실패의 유무가 아니라, 실패 이후 다시 돌아올 수 있는가에 달려 있다.

한 번 무너졌더라도 다시 시작할 수 있다는 믿음, 실수조차 과정의 일부로 받아들이는 너그러움이 꾸준함의 진짜 힘이다. 반복은 단순히 계속하는 것이 아니라, 다시 돌아와 새롭게 시작하는 것이다.

이러한 꾸준함은 인간관계에서도 중요한 미덕이 된다. 특별한 말이나 행동보다, 누군가에게 지속적인 관심을 보내고, 약속을 지키며, 함께하는 시간을 소중히 여기는 태도가 진심 어린 관계를 만든다.

화려하고 극적인 장면보다 더 깊은 신뢰는, 매일의 묵묵한 인사와 배려, 평범한 시간을 함께 보내는 반복 속에서 쌓인다. 반복이 주는 정서적 안정감은 때로 말보다 큰 위로와 울림이 된다.

삶의 기술은 결국 반복에서 비롯된다. 우리는 같은 일을 여러 번 하면서 점점 익숙해지고, 그 과정에서 배운 것을 기억하며,

기억한 것을 다시 행동으로 옮긴다. 이렇게 반복되는 경험 속에서 서투름은 줄어들고 능숙함은 커지며, 마침내 그것이 삶을 살아가는 하나의 기술로 자리 잡는다.

예술가가 수천 번의 스케치를 통해 손의 감각을 익히고, 연주자가 수많은 음계를 반복하며 악기를 자신의 일부로 만드는 것처럼, 우리 역시 반복을 통해 삶을 익히고 자신을 길들여 간다.

어떤 사람이 성실해 보인다면, 그건 그가 지닌 특별한 기질 때문이라기보다, 그가 반복을 통해 성실함이라는 태도를 삶에 정착시켜 왔기 때문이다. 그는 아마도 하루의 시작을 소중히 여기고, 작은 일에도 정성을 다하며, 실수했더라도 다시 일어나는 법을 알고 있을 것이다.

이처럼 반복과 꾸준함은 외적인 성과를 넘어 내면의 철학과 태도를 형성한다. 무엇이 가치 있는 일인지, 어떤 선택이 더 나은지 판단하기에 앞서, 꾸준함은 그 선택을 감당하고 지켜 낼 수 있는 힘을 기른다.

때로는 그 힘이 우리를 앞으로 나아가게 하고, 때로는 멈춰 서게 하기도 하지만, 결국 꾸준한 반복은 우리 삶을 한 걸음씩 앞으로 밀어준다.

보이지 않는 변화가 축적되고, 어느 날 문득 우리는 예전보다 더 깊고 단단해진 자신을 발견하게 된다.

삶은 단번에 바뀌지 않는다. 오히려 진정한 변화는 매일 반복되는 작고도 성실한 실천 속에서 조금씩 일어난다. 우리가 날마다 쌓아 가는 말과 행동, 태도와 마음가짐이 결국 우리의 삶의 방향을 결정한다.

그러므로 우리는 특별한 날이 오기만을 손꼽아 기다릴 것이 아니라, 지금 눈앞에 있는 오늘을 소중히 여기며 성실하게 살아가야 한다.

화려한 순간은 드물지만, 평범한 하루하루가 쌓여 우리의 삶을 이루고, 그 반복 속에서 우리의 성격과 가치, 그리고 살아가는 방식이 서서히 형성된다.

결국 오늘을 어떻게 보내느냐가 내일의 나를 결정하며, 그 꾸준한 하루들이 모여 인생 전체의 방향을 정하게 된다.

존재의 확장:
자연과 사회와의 조화

　인간은 언제나 관계 속에서 존재한다. 혼자서는 살아갈 수 없는 존재이며, 더불어 살아갈 때에야 비로소 온전한 자아를 이룰 수 있다는 사실은 오래전부터 수많은 철학자와 사상가들이 강조해 온 명제이기도 하다.
　그러나 이 관계란 단지 사람과 사람 사이의 이야기만은 아니다. 인간은 사회와 연결되어 있고, 더 깊이 들어가면 인간이 딛고 선 땅, 숨 쉬는 공기, 마시는 물, 곁에 있는 모든 생명과도 관계를 맺고 있다.
　존재란 고립된 실체가 아니라, 끊임없는 상호작용 속에서 형성되고 확장되는 과정인 것이다.
　자연과 사회, 이 두 영역은 인간 존재의 가장 큰 외연이다. 자연은 우리의 삶을 가능하게 하는 생물학적·물리적 조건을 제공하고, 사회는 문화와 가치, 규범과 제도를 통해 인간다움을 형성하고 이끌어간다.

그러나 인간이 이 두 세계와 맺는 관계는 언제나 조화롭지만은 않았다. 자연을 지배하려는 태도, 사회를 단지 도구적으로 활용하거나 피상적으로만 참여하는 태도는 인간 스스로를 고립시키고 피폐하게 만들었다.

존재의 확장이란 단순히 나 혼자만 잘 살기 위한 이기적인 생존의 욕구를 넘어서, 자연과 사회, 그리고 타인과 조화를 이루며 살아가고자 하는 태도에서 비롯된다. 다시 말해, '나만'이 아니라 '함께' 살아가는 삶을 지향하며, 삶의 조건을 이루는 더 큰 세계와 연결되려는 마음가짐이야말로 존재를 확장하는 출발점이 되는 것이다.

자연과의 조화는 단순히 환경을 보호하자는 차원을 넘어선다. 그것은 삶의 근원과 어떻게 연결되어 있는지를 자각하고, 그 연결성을 회복하려는 윤리적 태도이기도 하다.

자연을 파괴하지 않고 공존하려는 노력은 결국 인간 자신의 존엄과 생존을 지키기 위한 실천이다. 나무와 바람, 강과 산, 동물과 곤충에 이르기까지 생명 있는 모든 존재와 맺는 관계는 곧 우리의 삶을 반영한다.

우리는 자연을 바라보며 자신을 되돌아보고, 그 안에서 생명의 순환을 배운다. 씨앗이 자라 꽃을 피우고 열매를 맺듯, 인간의 삶도 자연의 리듬 속에서 이루어진다. 자연과 연결된 감각을 되찾는 일은 존재의 깊이를 회복하는 길이다.

사회와의 조화는 타인과의 관계 속에서 공동체 의식을 확장하는 일이다. 우리는 고립된 개인으로 살아갈 수 없다. 사회 안에서 다양한 역할을 맡고, 책임을 다하며, 타인과 협력하고 배려하는 과정을 통해 자신을 발견한다.

자율성과 독립성을 중요시하는 현대사회에서도 관계의 끈은 여전히 삶을 이루는 본질적인 조건이다. 사회적 조화란 획일성을 강요하는 것이 아니라, 다양한 차이 속에서도 존중과 이해를 바탕으로 함께 살아갈 수 있는 토대를 만들어 가는 일이다. 그것은 곧 민주주의와 연대, 공존의 가치를 실천하는 삶의 태도이기도 하다.

존재의 확장이란 결국 나의 경계를 허물고 더 큰 세계와 만나려는 의지이다. 나만의 안락한 울타리 안에서 모든 것을 통제하고 예측하려는 욕망에서 벗어나, 예상치 못한 타자와의 마주침을 통해 스스로를 다시 구성하는 경험이다.

그 과정은 때로 불편하고 불확실하지만, 바로 그 순간이야말로 진정한 성장이 이루어지는 지점이다. 자연과 사회는 모두 나의 거울이며, 내가 어떻게 존재할 것인지를 끊임없이 질문하게 만든다.

조화란 균형의 다른 이름이다. 그러나 균형이란 모든 것이 동일한 상태를 의미하지 않는다. 오히려 서로 다른 것들이 각자의 자리를 찾고, 그 안에서 어울려 조율될 때 가능한 상태다. 자연과 인간, 개인과 사회는 본질적으로 다르지만, 그 차이를 인정하고 존중할 때 비로소 조화로운 관계가 가능해진다.

무리하게 통제하거나, 반대로 완전히 무관심해질 때 조화는 깨지고 균형은 무너진다.

존재의 확장이란 나와 타인, 자연과 사회 사이의 섬세한 균형을 느끼고, 그 조화를 지키기 위해 꾸준히 노력하는 데서 시작된다.

우리는 자연의 품에서 생명을 얻고 자라며, 사회라는 공동체속에서 타인과의 관계를 통해 나 자신이 누구인지 깨닫고 그 모습을 다듬어 간다. 이 두 세계는 모두 인간 존재의 바탕이자 확장의 무대이다.

따라서 조화란 단지 외부와의 평화를 위한 태도가 아니라, 나를 더 깊이 이해하고 실현하기 위한 내적인 갈망이기도 하다.

자연과의 조화는 나를 둘러싼 세계와의 연결을 확인하게 하고, 사회와의 조화는 나와 타인 사이의 틈을 메우며 나를 확장시킨다. 결국 이 모든 과정은 내가 누구인지, 어떻게 살아가야 할지를 끊임없이 되묻는 여정이다.

지금 우리는 다양한 위기의 시대를 살아가고 있다. 기후 변화와 생태계 위기, 사회적 분열과 고립, 기술의 급격한 발전으로 인한 인간성의 상실 등은 오늘날 우리가 직면한 현실이다.

이러한 복합적인 위기 속에서, 존재의 확장은 더 이상 선택이 아니라 반드시 감당해야 할 필수적인 과제가 되었다.

우리는 더 이상 나만의 행복에만 머물 수 없다. 타인과 함께, 자연과 함께 살아가는 방식이 아니고서는 지속 가능한 삶도, 진정한 자아도 존재할 수 없다.

존재란 움직이고 성장하는 것이다. 존재의 확장이란 외부 세계로의 단순한 팽창이 아니라, 내면의 깊이를 확장하는 일이다.

자연의 변화에 민감하게 반응하고, 복잡해지는 사회의 흐름 속에서 자신의 역할을 성찰하며, 끊임없이 스스로를 다듬어 가는 것은 조화를 이루며 살아가는 삶이자, 존재를 더 넓고 깊게 살아내는 방식이다.

인간은 관계 속에서 존재를 실감한다. 그리고 그 관계의 폭을 넓힐수록, 우리는 더 큰 '나'로 확장된다. 자연과 사회는 나를 성장시키는 거울이며, 나를 초월하게 하는 지평이다.

서로 조화를 이루며 살아갈 때, 우리는 혼자 고립된 느낌을 넘어 진정한 나 자신을 확장할 수 있다. 존재의 확장은 곧 자연, 사회, 타인과 함께하는 여정이며, 그 안에서 우리는 더 넓은 세계를 배우고, 더 깊은 자신을 만나게 된다.

존재의 실천이 이끄는
변화와 성장

 우리는 누구나 존재한다. 그러나 존재한다는 사실만으로는 충분하지 않다. 존재는 단순한 상태가 아니라, 끊임없이 자신을 실천하는 과정 속에서 비로소 생명력을 얻는다.
 존재의 실천은 자기 인식에서 출발해 관계를 통해 확장되고, 세계와 연결됨으로써 변화와 성장을 이끈다. 존재는 고정된 개념이 아니다.
 우리는 보통 '존재'라고 하면 단지 어떤 것이 '거기에 있는 상태'를 떠올리지만, 사실 존재는 시간이 흐르면서 점차 드러나는 가능성들의 연속이다. 마치 멈춰 있는 무언가가 아니라, 계속해서 열리고 변화하는 하나의 흐름이나 과정에 가깝다.
 존재는 '무엇인가'보다 '어떻게 살아가는가'의 문제이고, 그 물음에 응답하는 자세가 바로 존재의 실천이다.

존재를 실천한다는 것은 삶 속에서 자신에 대해 묻고, 그에 대한 응답을 행동으로 구현하는 일이다. 생각과 감정에만 머무르지 않고, 그것을 구체적인 삶의 방식으로 옮겨내는 일이야말로 존재가 살아 있는 힘으로 드러나는 방식이다.

실천은 자신을 향한 질문에서 시작된다. 나는 누구이고, 무엇을 중요하게 여기며, 어떤 방향으로 살아가고 싶은가? 이런 물음은 단순한 정체성의 탐색을 넘어, 삶을 어떤 태도로 대할 것인가에 대한 근본적인 결단을 요구한다.

자기 인식은 이러한 물음에 정직하게 응답하려는 태도에서 비롯되며, 실천은 그 응답을 삶의 구체적 장면들 속에서 살아내는 행위로 이어진다.

자신이 타인과의 관계 속에서 의미를 느끼는 사람이라면, 그 관계를 지키기 위해 더 많이 듣고 더 따뜻하게 반응하려 할 것이다. 반대로 혼자만의 시간 속에서 평온을 찾는 사람은 타인의 기대에 휘둘리지 않고 자신을 위한 고요를 선택하는 용기를 낼 수 있다.

자기 인식은 내가 누구인지, 무엇을 느끼고 생각하는지를 알아차리는 것에서 시작되며, 이는 삶을 변화시키는 모든 실천의 출발점이 된다. 그리고 실천이란 이러한 자기 이해를 머릿속 생각에만 머물게 하지 않고, 실제 삶 속에서 행동과 태도로 표현해 나가는 과정이다.

다시 말해, 자신을 이해하는 것만으로는 충분하지 않고, 그 이해를 일상의 언어와 행동으로 옮길 때 비로소 진정한 변화가 일어난다.

이러한 실천은 특별한 계기나 거창한 결단에서 비롯되지 않는다. 오히려 반복적이고 일상적인 행동 속에서 실천은 뿌리를 내리고, 변화는 서서히 이루어진다.

매일 쓰는 짧은 일기, 하루 10분의 명상, 감정을 추스르고 말 한마디를 천천히 건네는 연습, 이런 작고 소박한 행동들이 쌓이며 삶의 구조가 달라진다.

실천은 자신과의 약속을 지키는 꾸준함 속에서 힘을 얻고, 변화는 그 반복의 시간 속에서 서서히 모습을 드러낸다. 단단한 사람은 특별한 재능보다, 작은 실천을 멈추지 않는 사람이다.

존재는 나 혼자만으로 완성되지 않는다. 우리는 타인의 시선과 반응, 공감과 이해 속에서 스스로를 발견하고 그에 따라 다시 변화한다. 존재의 실천은 반드시 타인과의 관계 속에서 시험되고 다듬어진다.

진심으로 누군가를 이해하려고 할 때, 우리는 경청의 기술을 익히게 되고, 때로는 침묵이 말보다 더 많은 것을 담고 있다는 사실을 배우게 된다.

갈등을 회피하지 않고 마주함으로써 우리는 자신의 감정을 어떻게 표현할지, 상처를 어떻게 다룰지 다시 배우게 된다. 이러한 관계적 실천은 자아를 확장시키고, 타자와 조화를 이루는 성숙한 존재로 이끈다.

존재의 실천은 결국 더 넓은 세계로 이어진다. 나와 타인, 그리고 사회와 자연은 서로 연결되어 있으며, 이 연결을 자각하는 순간 실천은 윤리의 문제로 확장된다.

내가 선택한 소비가 환경에 어떤 영향을 주는지, 내가 던진 말 한마디가 누군가의 마음에 어떤 흔적을 남기는지를 인식하는 순간, 존재는 책임을 수반하게 된다.

기후 변화, 불평등, 혐오와 배제의 문제 앞에서 존재의 실천은 작지만 진지한 선택을 요구한다. 일회용품을 줄이고, 사회적 약자의 목소리에 귀 기울이며, 더 나은 대화를 위한 자세를 갖추는 것 역시 실천의 한 방식이다.

자신의 존재를 진지하게 살아내는 사람은 단지 개인적인 변화에 머무르지 않고, 그런 삶의 태도가 결국 사회와 시대가 던지는 물음에 대한 하나의 응답이 된다.

존재의 실천은 결국 성장이라는 결실로 이어진다. 여기서 말하는 성장은 외적인 성과나 성공이 아니라, 자기 자신과 더 깊이 연결되고, 타인과 더 진실하게 관계를 맺으며, 세계와 더 넓게 호흡할 수 있는 내면의 확장을 뜻한다.

실천을 통해 우리는 삶을 이전과는 다른 관점에서 바라보게 되고, 스스로의 위치와 역할을 더 명확히 이해하게 된다. 실천은 우리를 더 단단하게도, 더 유연하게도 만든다. 그것은 고집을 부리는 강함이 아니라, 자신의 한계와 가능성을 동시에 인식하고 그 사이에서 균형을 찾아가는 과정이다.

실천을 멈추지 않는 삶은 자신을 점점 더 온전히 이해하게 하고, 결국 자신을 더 깊이 사랑하게 만든다. 그것이 존재가 성장하는 길이다. 존재는 주어진 것이 아니라, 스스로 살아내야 하는 것이다. 그리고 살아낸다는 것은 곧 실천한다는 뜻이다.

하루하루의 작은 선택들이 쌓여 존재를 만들어 간다. 변화와 성장은 특별한 계기에서 비롯되는 것이 아니라, 지금 이 순간의 태도와 자세에서 서서히 형성된다.

존재를 실천하는 사람은 어떤 거창한 일을 하지 않더라도, 그 삶의 진실한 태도와 선택이 주변에 영향을 주며 세상을 조금씩 그러나 분명하게 변화시킨다.

끝맺는 말

결국 우리는, 내가 '어떤 모습으로 존재하며 살아왔는지'를 스스로에게 묻게 된다. 이 질문은 화려한 성취나 특별한 순간이 아니라, 평범한 일상 속에서 우리가 보여주는 태도 속에 조용히 모습을 드러낸다.

오늘 하루를 어떤 시선으로 바라보았는지, 어떤 말에 귀를 기울였는지, 그리고 어떤 감정을 외면하지 않고 마주했는지가 존재의 결을 만들어 간다.

이 책에서 말하고자 한 핵심은 '인간다움'에 대한 성찰이다. 인간다움이란 윤리적 규범이나 정해진 정의로 설명되는 것이 아니라, 불완전한 존재로 살아가며 매 순간 자신에게 던지는 질문으로부터 출발한다.

"나는 지금 내가 바라는 모습대로 살아가고 있는가?", "나는 자신을 이해하고 있는가?", "나는 타인과 어떤 방식으로 관계를 맺고 있는가?"와 같은 물음들은 명확한 해답을 요구하지 않는다.

중요한 것은 이 질문들과 함께 살아가려는 태도이며, 바로 그 태도 속에서 존재의 깊이가 드러난다.

존재란 본질적으로 완성된 상태가 아니라, 끊임없이 변화하고 다시 태어나는 하나의 과정이다. 그것은 고정된 실체가 아니라, 열리고 흔들리며 성장하는 흐름이며, '현재'라는 시간을 통해 끊임없이 드러나는 생동의 연속이다.

존재한다는 것은 단순히 살아 있다는 의미를 넘어서, 자신의 내면을 깊이 들여다보고 그 참모습에 가까워지려는 여정을 의미한다. 동시에, 우리는 이 여정 속에서 타인의 존재를 인식하고 이해하며, 그들에게 다가가 손을 내미는 따뜻한 움직임을 함께 실천하게 된다. 다시 말해, 존재는 자기 자신에게 진실해지기 위한 노력인 동시에, 타인과 연결되고자 하는 마음에서 비롯된 행동이기도 하다.

어제보다 오늘의 내가 조금 더 너그러워졌다면, 예전에는 지나쳤던 말에 오늘은 잠시 멈추어 귀 기울이게 되었다면, 그것은 곧 존재의 실천이며 변화와 성장의 증거이다.

이 여정을 함께해 준 독자에게 깊은 고마움을 전하고 싶다. 독자가 이 책을 읽으며 조용히 고개를 끄덕였던 순간이 있었다면, 마음 한편이 젱했던 문장이나 오래된 기억이 불현듯 떠올랐던 순간이 있었다면, 그것은 이미 독자가 존재의 인문학을 삶 속에서 실천하고 있다는 증거다.

우리는 누구나 자기 삶의 증인이자 창조자이다. 누구도 대신 살아줄 수 없는 시간을 스스로 걸으며, 각자의 진실을 찾아가는 존재로서 지금 이 순간을 살아간다.

책장을 덮는 지금 이 순간, 나는 독자 한 사람 한 사람의 삶을 조용히 응원하고자 한다. 삶은 완벽할 필요가 없다. 흔들리는 날도 있고, 머뭇거리는 순간도 있다. 그러나 중요한 것은 자신의 속도와 방향을 잃지 않고, 자신만의 방식으로 존재를 살아내는 일이다.

삶은 정답을 아는 것보다 어떤 태도와 마음으로 살아가느냐를 더 중요하게 여긴다. 그 마음과 태도를 잃지 않고 지켜간다면, 우리는 매일의 순간 속에서 조금씩 자신을 더 잘 이해하게 되고, 다른 사람에게도 더 다정해질 수 있다.

나는 이 책이 독자에게 어떤 전환점이 되기를 바란다. 그 전환점이 크고 극적인 사건일 필요는 없다. 조용히 스며드는 한 문장, 가만히 되뇌게 되는 한 문단이 독자의 일상과 내면에 작은 균열을 내고, 그 틈으로 새로운 시선이 스며든다면, 그것만으로도 충분하다.

이제 이야기는 독자의 몫으로 넘어간다. 이 책을 읽고 마음에 남은 어떤 문장, 혹은 그 문장을 통해 떠오른 삶의 경험이 독자의 다음 선택을 조금 더 깊고 따뜻하게 만들어 줄 수 있기를 바란다.

이제 우리는 존재에 대해 분명히 이해하게 되었다. 존재는 매 순간 실천되고 있으며, 그것이 곧 우리가 살아간다는 의미임을 깨닫게 된다.

나는 진심으로 바란다. 독자의 존재가 더욱 단단하고, 더욱 따뜻하며, 더욱 자유로운 방향으로 깊어지기를.

지금 이 순간이 독자의 삶에서 조용하지만 의미 있는 전환점이 되기를 간절히 응원한다.

참고 문헌

- 마티아스 뇔케, 『나를 소모하지 않는 현명한 태도에 관하여』, 이미옥 옮김, 퍼스트펭귄, 2024.
- 김상근 외, 『어떻게 살 것인가』, 21세기북스, 2017.
- 김형철, 『최고의 선택』, 리더스북, 2018.
- 김형석, 『백 년의 지혜』, 21세기북스, 2024.
- 김상근, 『사람의 마음을 얻는 법』, 21세기북스, 2011.
- 영어의 바다, 『비즈니스 실용영어 도서관』, 네이버 블로그
- 플라톤, 『국가』, 박종현 옮김, 서광사, 2005.
- 니콜로 마키아벨리, 『군주론』, 최현주 옮김, 김상근 감수, 페이지2북스, 2023.
- 김형석, 『영원과 사랑의 대화』, 김영사, 2017.
- 톨스토이, 『인생이란 무엇인가』, 채수동 옮김, 동서문화사, 2007.
- 정혜신, 『당신이 옳다』, 해냄출판사, 2018.
- 정여울, 『그때 알았더라면 좋았을 것들』, 21세기북스, 2020.
- 장 폴 사르트르, 『실존주의는 휴머니즘이다』, 박정태 옮김, 이학사,

2008.
- 에릭 H. 에릭슨,『정체성』, 윤초희 외 옮김, 교육과학사, 2022.
- E. H. 카,『역사란 무엇인가』. 김택현 옮김, 까치, 2015.
- 이진경,『삶을 위한 철학수업』, 문학동네, 2013.
- 알랭 드 보통.『철학의 위안』. 정명진 옮김, 청미래, 2023.
- 마르쿠스 아우렐리우스.『명상록』. 천병희 옮김, 숲, 2016.
- 한병철,『피로사회』, 김태환 옮김, 문학과지성사, 2012.
- 셜리 터클,『대화를 잃어버린 사람들』, 황소연 옮김, 민음사, 2018.
- 유발 하라리,『21세기를 위한 21가지 제언』, 전병근 옮김, 김영사, 2018.
- 에리히 프롬,『자유로부터의 도피』, 김석희 옮김, 휴머니스트, 2020.
- 마셜 B. 로젠버그,『비폭력 대화』, 캐서린 한 옮김, 한국NVC출판사, 2024.
- 틱낫한,『고요의 힘』, 위소영 옮김, 소수출판사, 2025.
- 빅터 프랭클,『죽음의 수용소에서』, 이시형 옮김, 청아출판사, 2020.
- 브렌 브라운,『불완전함의 선물』, 장세현 옮김, 청하, 2011.
- 한나 아렌트,『인간의 조건』, 이진우 옮김, 한길사, 2019.
- 브레네 브라운,『진정한 나로 살아갈 용기』, 이은경 옮김, 북라이프, 2018.
- 마르틴 하이데거,『존재와 시간』, 전양범 옮김, 동서문화사, 2016.
- 유발 하라리,『사피엔스』, 조현욱 옮김, 김영사, 2023.
- 마크 맨슨,『신경 끄기의 기술』, 한재호 옮김, 갤리온, 2017.
- 존 카밧진 외 2,『마음챙김 명상과 자기치유』, 김교헌 옮김, 학지사, 2017.
- 요한 하위징아,『호모 루덴스』, 이종인 옮김, 연암서가, 2018.
- 찰스 두히그,『습관의 힘』, 강주헌 옮김, 갤리온, 2012.

- 캐럴 드웩,『마인드셋』, 김준수 옮김, 스몰빅라이프, 2023.
- 에리히 프롬,『사랑의 기술』, 황문수 옮김, 문예출판사, 2019.
- 데이비드 부룩스,『인간의 품격』, 김희정 옮김, 부키, 2015.
- 김윤나,『말 그릇』, 오아시스, 2017.
- 애덤 그랜트,『싱크 어게인』, 이경식 옮김, 한국경제신문, 2021.
- 정여울,『헤세: 바로 지금, 나 자신으로 살기 위하여』, 아르테, 2020.
- 마크 브래킷,『감정의 발견』, 임지연 옮김, 북라이프, 2020.
- Richard Carlson,『Don't Sweat the Small Stuff… and It's All Small Stuff』, Hachette, 2017.
- 유발 하라리,『호모 데우스』, 김명주 옮김, 김영사, 2023.
- 마사 누스바움·솔 레브모어,『지혜롭게 나이 든다는 것: 현명하고 우아한 인생 후반을 위한 8번의 지적 대화』, 안진이 옮김, 어크로스, 2019.
- 칼 뉴포트,『딥 워크: 강렬한 몰입, 최고의 성과』, 김태훈 옮김, 민음사, 2017.
- 조상무,『어딜 가든 필요한 힐링 여행영어』, 북랩, 2024.
- 마이클 샌델,『정의란 무엇인가』, 김명철 옮김, 2017.
- Meik Wiking,『The Little Book of LYKKE』, PENGUIN LIFE, 2017.
- Meik Wiking,『The Little Book of HYGGE』, PENGUIN LIFE, 2016.
- 강형기,『논어의 자치학』, 비봉출판사, 2019.
- 파트릭 아마르,『경영 심리학』, 지형, 2012.
- 스튜어트 프리드먼,『와튼스쿨 인생특강』, 홍대운 옮김, 비즈니스북스, 2013.
- 김상근,『인문학 강의』외, 유튜브

- 박재희, 『마음공부 명심보감』, 열림원, 2017.
- 마르쿠스 베르센, 『삶을 위한 수업』, 오연호 편역, 오마이북, 2020.
- 조상무, 『삶의 궁극적 목적, 자아실현으로 가는 길』, 유페이퍼, 2025.